Ich bitte um Milde

Geschichten aus dem Justizalltag

Das Leben des Rechts ist nicht durch Logik
bestimmt, sondern durch Erfahrung.

(Oliver Wendell Holmes, amerikanischer Verfassungsrichter, 1881)

Inhaltsverzeichnis

Vorwort 4
Der Wahrheit nahe kommen 5
Die Kaffeekann 6
Schrott 12
Der chinesische Koch 14
Tierschutz 18
Der Pfälzer Neger 22
Der Gerichtsbeschluss 26
Der Briefkastenkacker 28
Der fast verlorene Prozess 34
Die Pampelmusen 39
Das Badezimmer 44
Meyer oder die Gerechtigkeit 46
Menschenwürde 51
Die Erlaubnis des OLG 54
Lumumbas Neffe 58
Der Veteran 63
Von Jockeys, Pferden und den Luppertschen Formeln 68
Die übereifrige Zeugin 72
Kleine Staatsbürgerkunde 76
Helmut und die stabilisierende Wirkung des 1. FCK 78
Der Unterbau 84
Letzte Worte 89
Nachruf 93
Biografie des Autors 96
Impressum 100

Vorwort

Martin Luther hat einmal über die Juristen gesagt: "Ein Jurist, der nicht mehr ist denn ein Jurist, ist ein arm Ding."

Der Jurist Bernd Lütz-Binder ist kein "arm Ding". Weil er mehr ist als "nur" ein Rechtsanwalt. Er ist ein begnadeter Anekdotenerzähler, und wenn er erzählt, dann tut er dies nicht in der trockenen Amtssprache des Rechtsexperten, sondern mit der Eloquenz eines Schriftstellers mit Geist und Witz. Der Landauer Strafverteidiger hätte auch als Journalist oder Schauspieler seinen Weg gemacht. Aber er wollte sein Brot lieber als Anwalt verdienen. Das hindert ihn aber nicht daran, immer mal wieder auch Nichtjuristisches zu schreiben und zu rezitieren, wobei ihm letzteres nicht schwer fällt, weil er ein intensiver Leser vielfältiger Literatur ist und über ein phänomenales Gedächtnis verfügt.

Wer "Lü-Bi", wie er gerne genannt wird, im Freundes- oder Bekanntenkreis, in Gerichtskantinen und bei Geburtstagsfeiern zuhört, wenn er (nicht erfundene) Geschichten aus seinem langjährigen Anwaltsleben zum Besten gibt, hat dabei stets Grund zum Schmunzeln. Er hat unzählige Anekdoten in seinem Kopf gespeichert und kann sie auf Kommando abrufen. Oft ist er schon gefragt worden, warum er diese meist lustigen, aber auch ernsten, die tragikomischen und die zum Lachen animierenden Geschichten nicht endlich einmal zu Papier bringe und in Buchform erscheinen lasse. Dann pflegte er stets zu sagen: "Irgendwann einmal."

Plötzlich war für ihn der Zeitpunkt gekommen, den wohlwollenden Bitten - unter anderem auch vom früheren Landauer und jetzigen Kaiserslauterer Landgerichtspräsidenten Dr. Wolfgang Asmus - zu folgen. Also machte er sich an die Arbeit und diktierte diese Schmunzelgeschichten in relativ kurzer Zeit herunter. Dabei konnte er nicht auf Notizen zurückgreifen, weil es diese gar nicht gibt, sondern er verließ sich ganz auf sein Erinnerungsvermögen. Was dabei herausgekommen ist, steht in diesem kleinen Buch. Wer beim Lesen nicht schmunzeln kann oder will, ist selbst schuld. Oder krass ausgedrückt: der ist ein Sauertopf.

Möge Bernd Lütz-Binders Erstlingswerk viele Leser mit Sinn für Humor finden.

Günter Werner

Der Wahrheit nahe kommen

Alles, was man sich in Erinnerung zu rufen versucht, wird verfremdet und in vielen Fällen vergoldet, ein Wort, das in diesem Bereich auch auf Falschmünzerei hindeuten kann.

Die will ich nun nicht bewußt betreiben. Aber wenn eine der namentlich genannten Personen oder eine der Vielzahl der anderen nicht namentlich Erwähnten sich an ein Ereignis völlig anders erinnern oder sich in einer Geschichte nicht wiederzuerkennen glauben, sollten sie daran denken, dass ich das, was ich früher erlebt habe, um ein Wort Goethes zu bemühen, eben im Alter anders erfahre. Und ich kann nur über diese meine Erfahrung berichten. Bei anderen mag die Verfremdung oder Vergoldung andere Geschichten und Porträts zeitigen.

Und noch eins: Das Wichtige an einer Person ist das Charakteristische. Wenn über einen Menschen eine völlig wahre Geschichte im Sinne von zutreffend mit der Wahrheit übereinstimmend erzählt wird, die über sein Wesen nichts aussagt, so ist diese völlig bedeutungslos. Trifft aber ein Bericht über denselben Menschen, der eine Situation schildert, die sich so nie zugetragen hat, sein Wesen, so ist sie wahrer als die bloße Richtigkeit, die für sich genommen gar nichts hergibt.

Das ist eben das Wesen des Anekdotischen. Die Leser mögen mir deshalb von ihnen etwa entdeckte Unrichtigkeiten nachsehen, ich benötigte sie manchmal, um dem Charakter eines der geschilderten Menschen und damit seiner Wahrheit näherzukommen.

Bernd Lütz-Binder

Die Kaffeekann

Geschichten haben es so an sich, dass sie im Tonfall der tiefsten Vergangenheit anzulegen sind und legitimerweise mit "Es war einmal ..." zu beginnen haben. Aber es ist das Wesen aller erzählenswerten Geschichten trotz der Patina, die die Vergangenheit auf die vordergründige Erzählung eines Ereignisses gelegt haben mag, dass die Lehre, die aus ihnen zu ziehen ist, in die Gegenwart reicht. Gute Geschichten sind deshalb zeitlos und entstehen bei jedem Erzählen neu.

Es war einmal in der Frühzeit meiner anwaltlichen Tätigkeit, dass sich eine solche prozessual eingekleidete Geschichte zugetragen hat, die es wert ist, im Bernstein des Gedächtnisses eingeschlossen zu werden. Es war die Zeit in meiner Kanzlei, in der ich oft mit meiner Frau am Fenster stand, um Passanten unter dem Aspekt zu beobachten, ob sie sich wohl in unsere Kanzlei verirren würden und wir für jeden auch noch so kleinen Fall (es gibt keine kleinen und großen Fälle, nur gut gemachte und schlecht gemachte) von Herzen dankbar waren.

Bei einer dieser spannenden Gelegenheiten haben wir einen Mann beobachtet, der nach längerem Zögern und Prüfen des Praxisschildes sich dann doch zum Klingeln entschloss und von uns mit Freude empfangen wurde. Der potentielle Mandant, ein Winzer aus einem nahegelegenen Ortsteil, einfachen Gemüts, aber mit der mitteilsamen Art unseres Pfälzer Volksschlages ausgestattet, lehnte es aus Gründen, die sich mir zunächst nicht erschlossen, ab, Platz zu nehmen.

Auf meine erstaunte Frage hin führte er aus, dass er dazu leider deshalb nicht im Stande sei, weil genau das Problem, das ihn zu mir geführt habe, ihn jetzt daran hindere, sich zu setzen und vom "Hindern" bis zum "Hintern" war dann kein langer Weg mehr. Denn auf den Punkt gebracht, beklagte er, dass ihn ein großer Schäferhund derartig in das Gesäß (er drückte sich natürlicher aus) gebissen habe, dass er es vorziehe, stehen zu bleiben.

Der etwa mittelaltrige Mann erzählte, er habe einem damals bekannten Anwalt, mit dem er durch die Lieferung von landwirtschaftlichen Produkten schon seit Jahren verbunden sei, wie vereinbart einen Zentner Kartoffeln liefern wollen. Als er das Anwesen betreten habe, sei der bösartige Schäferhund (auch hier fand er

ein pfälzisch treffenderes Wort) auf ihn losgegangen und, ich will die Originaltöne nicht länger unterdrücken, der "Sauhund" habe ihn in den "Arschbacken" gebissen. Das habe bei ihm zu erheblichen Schmerzen und medizinischen Komplikationen geführt. Der herzlose Anwalt lehne es ab, trotz der hier bereits geschilderten persönlichen Beziehungen, ihm in irgendeiner Weise entgegenzukommen und ein angemessenes Schmerzensgeld zu leisten.

Nach längerem Zögern habe er sich entschlossen, so der Mandant, gerichtlich gegen diesen Anwalt vorzugehen und seine Wahl sei auf mich gefallen, weil ich erst seit kurzem in Landau tätig sei und deshalb die üblicherweise entstehenden kollegialen Verflechtungen bei mir noch nicht zu befürchten seien.

Nachdem ich mir die Sache angehört und in einem Telefongespräch versucht hatte, den Kollegen dazu zu bringen, sozusagen im Handstreich die Angelegenheit kulanzweise zu regeln, aber dabei auf Granit gestoßen war, musste ich mir überlegen: Wie könnte eine Klage mit Aussicht auf Erfolg durchgeführt werden? Ich reichte dann eine Schmerzensgeldklage beim Amtsgericht über den Betrag von damals 1.000 DM ein.

Der Kollege, der sich selbst vertrat, führte in seinem Schriftsatz vehement aus, es sei zwar zutreffend, dass der Kläger (so heißt nun der Protagonist im Fortgang der Erzählung) von seinem Hund, der im übrigen (dies ist die normale Einlassung aller Hundebesitzer) "noch niemals irgend jemandem etwas gemacht hat", den sich ihm offensichtlich ungeschickt nähernden Landmann in den Hintern gebissen habe. Dies sei aber allein dadurch zustande gekommen, dass sich der Kläger tölpelhaft verhalten und insbesondere den sichtbar am Gartenzaun befestigten Hinweis auf einen bissigen Hund in den Wind geschlagen habe. So sei dieser an seinem beklagenswerten Schicksal im Grunde selbst schuld.

Es kam zur mündlichen Verhandlung bei einem damals sehr angesehenen Amtsrichter, der von einer überlegenden Milde war, der man sich, gerade was Vergleiche anging, nicht entziehen konnte. In seiner bewährten Art versuchte er die Wogen zu glätten, beruhigte den anwesenden Kläger, der in meinem Beisein erneut sein Leid klagte und wirkte auch mäßigend auf den Kollegen ein, der immer wieder betonte, der Landmann habe sich alles selbst zuzuschreiben.

Nachdem auch die Bemühungen des Richters nicht gefruchtet hatten, den Hundebesitzer zu einer Zahlung zu veranlassen, stellte er eine - wie ich meinte

- entscheidende Frage an meinen Mandanten, auf dessen Antwort ich gespannt wartete. Der Richter fragte nämlich, ob nicht an der Tür ein Schild angebracht gewesen sei, dem man hätte entnehmen können, dass man sich in das Gefilde eines unter Umständen bösartigen Hundes zu begeben anschickte. Zu meiner Erleichterung verneinte der Kläger eindeutig und führte kopfschüttelnd aus: "Nä, Herr Richter, do war überhaupt nix gestanne." Als ich schon erleichtert aufatmete, schob mein Mandant folgenden verheerenden Satz nach: "Doch, jetzt erinner ich mich, do war irgendwas gestanne, ich wäs nit genau was, irgendwas vun Kaffekann."

Ratloses Schweigen breitete sich im Gerichtssaal aus. Als der Kläger auf Nachfrage des Richters darauf beharrte, am Hoftor des Beklagten sei ein Schild angebracht gewesen, auf dem etwas von einer "Kaffekann" gestanden habe, kamen endlich die neun Jahre humanistischen Gymnasiums bei mir zur Geltung (mit dem zehnten Jahr, das ich noch gebraucht habe, will ich hier nicht protzen) und ich erklärte dem verblüfften Auditorium, dass der Kläger wohl das an der Tür im klassischen Latein angebrachte "cave canem" ("Hüte dich vor dem Hunde") aus seiner Perspektive als "Kaffekann" gedeutet habe.

Befreiendes Gelächter im Gerichtssaal. Der Heiterkeit konnte sich auch der Kollege nicht entziehen und so fiel dann der Hinweis des Richters "Geben Sie ihm doch 500 DM zum Ausgleich" sofort auf fruchtbaren Boden und wir konnten uns mit einem Vergleich verabschieden.

Als ich Tage später am Anwesen des Kollegen vorbeiging, war dort ein großes Schild angebracht, das einen wild die Zähne bleckenden Hund mit bösartigem Gesichtsausdruck zeigte - versehen mit der eindeutig deutschen Unterschrift: "Vorsicht, bissiger Hund!" Der Kollege war offensichtlich am Ende seines Lateins.

• • •

Ja, ja das Latein. Was unser Recht angeht, stehen wir auf den Schultern der Römer, die zum Militärwesen, zur Verwaltung und vor allem zur Lösung von Rechtsfragen ein wohl angeborenes Talent hatten. Waren die Griechen vor allem der Philosophie verpflichtet, so hat der römische Geist das Rechtsleben über zwei Jahrtausende wie Hefeteig durchdrungen.

Nun will ich nicht so weit gehen, das Elend dieser Welt in der Überhandnahme der Oberrealsschüler zu sehen, aber es ist traurig und bezeichnend, dass in unseren

Zeiten ein Studium der Rechtswissenschaft ohne Lateinkenntnisse möglich geworden ist. Dies ist so ähnlich, als beim 1. FC Kaiserslautern Spieler anheuern zu wollen, die keine Beine haben. (Allerdings hatte man in den vergangenen Jahren den Eindruck, dass mehrere dieser Spieler am Werk gewesen sein müssen). Dabei ist klarzustellen, dass es sich nicht um eine Bildungshuberei handelt, sondern einfach darum, dass in der lateinischen Sprache gewisse rechtliche Grundsätze präzise gefasst sind und durch ihre Geltung über Jahrhunderte im römischen Reich und darüber hinaus bewiesen haben, dass mit ihnen menschliches Zusammenleben erfolgreich geordnet werden kann.

Aus diesem Erfahrungsschatz immer und immer wieder zu schöpfen, sollte sich auch die moderne Jurisprudenz nicht entgehen lassen. Schon an dem Wort "Jurisprudenz" lässt sich erklären, was uns das Hinhören auf das Latein zu sagen hat. Sieht man in Lehrbücher oder hört sich den Universitätsbetrieb an, in dem von Rechtswissenschaft die Rede ist, wird eines schon klar: Die Römer, die im Gegensatz zu uns noch genau bezeichnen konnten, was sie meinten und nicht an entscheidenden Punkten in einem "irgendwie und so" versanken, hätten unser Fach mühelos, wenn sie es denn für eine Wissenschaft gehalten hätten, Jurissciens nennen können. Sie haben es jedoch Jurisprudenz genannt und Prudenz heißt klug und ist viel mehr und etwas völlig anderes als Scientia, die Wissenschaft.

In dem Wort Prudenz schwingt alles mit, was man Rechtsgefühl nennen kann, als das behutsame Eingehen auf schwierige Situationen und letztlich die Möglichkeit, das zu tun, was im Rechtsleben oft das Größte und Beste ist, etwas aus übergeordneten Gesichtspunkten bleiben zu lassen, selbst wenn man sich im Recht fühlen sollte.

Der Bundesgerichtshof, dem ab und zu auch sehr kluge Sätze unterlaufen, hat in einer Entscheidung ausgeführt, dass die Wahrheit nicht um jeden Preis im Prozess angestrebt werden muss, ein Grundsatz, der eine Hymne auf die Verhältnismäßigkeit der Mittel darstellt, der überall, wo Recht ins Werk gesetzt werden soll, seine Wirkung entfalten muss.

So wenig also einem Bäuerlein aus der Südpfalz zugemutet werden kann, unter "cave canem" einen bissigen Hund zu vermuten, umso mehr muss es dem professionellen Juristen ein Anliegen sein, wenigstens in Kernpunkten sich diesen großen Schatz der römischen Erfahrung auch in der Originalsprache nutzbar zu machen. Latein ist und bleibt nämlich die Muttersprache der Juristen, die wir auch in modernen Zeiten nicht völlig verlernen sollten.

Geben wir einem der großen Rechtsgelehrten dieser alten, aber nie veralternden Zeit, Celsus, das Wort in seiner, in unserer Sprache: "Scire leges non hoc est verba earum tenere, sed vim ac potestatem." Das heißt: "Gesetze kennen bedeutet nicht, sich ihren Wortlaut anzueignen, sondern ihren Sinn und ihre Tragweite."

Klingt da nicht ein noch älteres Wort an, dass der Buchstabe tot sei und allein der Geist lebendig mache? Und wächst da nicht eine große Zahl smarter Rechtsanwender heran, die dem inneren Sinn unseres Faches nicht mehr verpflichtet sind und nicht mehr verpflichtet sein können, weil ihnen das Fundament fehlt und der Zugang zu dem abgeschnitten wird, was Recht heißt? Recht erfordert mehr als alle Wissenschaft, nämlich die zurückgenommene Klugheit derjenigen, die menschliches Zusammenleben ordnen müssen.

Schrott

Von allen meinen Ausbildern ist mir einer vor allem im Gedächtnis geblieben. Man könnte Heerscharen von Referendaren in der Pfalz fragen, wer für sie der beeindruckenste Vermittler juristischer Feinheiten gewesen sei und ich bin felsenfest der Auffassung, dass ganz überwiegend ein Name fallen würde: Beyerle.

Er war in der Lage, auch trockenste Materien in einer Art und Weise zu vermitteln, dass unter uns Referendaren der Slogan umging, Beyerle könne das Telefonbuch von Kandel vorlesen und wir würden alle vor Begeisterung auf den Bänken stehen. In der Tat hatte er eine Darstellungskraft, die selbst so grauenvolle Materien wie das Grundbuchrecht erträglich machten. Sein Humor war Legende. Ich erinnere mich an viele Aussprüche von ihm, die ich mit in mein Anwaltsleben genommen habe.

Eine Geschichte ist mir besonders im Gedächtnis geblieben und soll als pars pro toto für seine umwerfende Schlagfertigkeit stehen, eine Schlagfertigkeit, die er bis ins Amt des Vorsitzenden Richters des Strafsenats des Oberlandesgerichts beibehielt.

Wenn er als Ausbilder, sonst eher liberal gesinnt, etwas nicht leiden konnte, war es das Zuspätkommen zu seiner Arbeitsgemeinschaft. Es war wohl sein Selbstverständnis, dass er es als Beleidigung empfand, wenn auch nur eine Minute seiner Ausführungen versäumt wurde, was ich ihm aufgrund seiner Darstellungskraft durchaus zubilligen musste. Beyerle war eben ein Gesamtkunstwerk und er verlangte zu Recht, dass man an der Veranstaltung von Anfang bis Ende teilnahm, zumal dies bei seiner Art zu lehren absolut keine ermüdende Angelegenheit war.

Wir hatten also öfter das Vergnügen mitzuerleben, wie er zu spät kommende Referendare in humorvoller, aber strenger Weise zurechtwies. Keiner der Gemaßregelten, ich gehörte auch einmal dazu, hat sich erlaubt, ein zweites Mal ohne Entschuldigung zu spät zu kommen.

Eines Tages erschien ein Referendar-Kollege geschlagene 20 Minuten zu spät zur Arbeitsgemeinschaft. Wir hielten alle gespannt den Atem an, was Beyerle wegen dieses Affronts nun entfesseln würde. Er war gerade damit beschäftigt, Klausuren herauszugeben. Als der Kollege in der Tür stand, schaute er ihn vorwurfsvoll an. Dieser, völlig außer Atem, erklärte dem Ausbilder, er komme deshalb zu spät, weil er auf der Autobahn einen Unfall gehabt habe, sein Wagen sei an die Leitplanke geprallt und sei nun völlig Schrott.

Beyerle sah ihn an, blätterte in den Klausuren, bis er die des zu spät Gekommenen fand, händigte ihm diese feierlich aus und sagte: "Legen Sie die dazu."

Der chinesische Koch

Es gibt Situationen in Gerichtsverhandlungen, die - ausgelöst durch Antworten von Angeklagten oder Zeugen - es auch dem routinierten Prozessteilnehmer schwer machen, ernst zu bleiben. Um nur ein Beispiel zu nennen: Was fängt wohl ein Vorsitzender auf seine aufgrund der Unbeholfenheit des Zeugen provozierte Frage "Sind Sie denn Analphabet?" mit der Antwort "Nein, protestantisch!" an, ohne in hemmungsloses Gelächter auszubrechen?

Die Selbstdisziplin, die hier manchmal notwendig ist, um die Sitzung nicht zum Kabarett verkommen zu lassen, ist oft bis an die Grenzen des Möglichen gefordert. Im Laufe der Zeit gewinnt man aber eine gewisse Routine, auch derartige prekäre Situationen zu überstehen. Ich will von einem Fall berichten, wo diese Mechanismen sowohl bei der Richterin, die mit der Sache befasst war, als auch bei mir versagten, wobei hinzuzufügen bleibt, dass wir beide an dieser Entwicklung selbst schuld waren.

Die Kantine ist in einem ordentlichen Gericht im Grunde die Herzkammer der gesamten Organisation und die so genannte Kantinen-Vertraulichkeit wird vor allem in Landau groß geschrieben. Das heißt, hier kann man völlig ungeschützt seine Meinung zum Besten geben, ohne Gefahr zu laufen, dass diese in einer Sitzung einem dann als Bumerang wieder begegnet.

Damals hatte ich die Verteidigung des Kochs eines chinesischen Restaurants übernommen, der wegen Trunkenheit am Steuer seinen Führerschein verloren hatte. Gegen den ergangenen Strafbefehl hatten wir Einspruch eingelegt, um den Versuch zu machen, die Führerscheinsperre um einige Monate abgekürzt zu bekommen.

Der Fall war in der Zuständigkeit einer Amtsrichterin, die leider schon seit einigen Jahren verstorben ist und die ich wegen ihrer direkten Art sehr geschätzt habe. Wir unterhielten uns in der Kantine über den Fall und malten uns in kindischer Weise aus, wie sich wohl der chinesische Koch einlassen würde, wobei wir uns gegenseitig sprachliche Beispiele vorspielten, die natürlich alle auf der bekannten chinesischen Eigenart beruhten, daß Chinesen das "R" nicht aussprechen können und dieses durch ein "L" ersetzen.

Armin Holt

Ich bot also an, dass der Koch etwa das Gericht anflehen würde, "die Spellflist abzukülzen" und erntete übungsweise die Antwort: "Kommt nicht in Flage." Jedenfalls blödelten wir in der Woche vor der Hauptverhandlung mehrfach am Kantinentisch unter Beteiligung anderer Mitwirkender und schwangen uns zu Satzgebilden auf, die große Heiterkeit erregten.

Was dann aber in der Sitzung wirklich geschah, überbot alles, was wir uns vorher ausgemalt hatten. Um der Pointe den ihr gebührenden Platz, nämlich den letzten in diesem Text zu lassen, will ich schildern, was sich nach diesem Ausspruch des chinesischen Kochs ereignete, nämlich das fluchtartige Verlassen des Gerichtssaals sowohl durch die Richterin als auch durch mich, weil wir beide vor Lachen die Gerichtsverhandlung nicht weiter führen konnten.

Ich will nicht verhehlen, dass die Antwort dieses Mannes ihm, wie ich ihm später bestätigte, mindestens eine Sperrfristabkürzung von drei Monaten eingetragen haben dürfte, so umwerfend war seine Einlassung. Auch im Ergebnis des Urteils musste man sich diesem Satz einfach geschlagen geben. Der Mann antwortete nämlich auf die Frage der Richterin, was er denn getrunken habe: "Nul dlei Gläsel Lotwein!"

Armin Holt

Tierschutz

Es ist meines Erachtens wichtig, dass man sich - gleich auf welchem Feld - als Berufsanfänger Idole sucht, die einem Wegweiser und Leuchtzeichen sind und an denen man sich orientieren kann. Das ist im Anwaltsbereich nicht anders. Für mich als junger Anwalt gab es früher einige Kollegen fortgeschrittenen Alters, die einen großen Eindruck auf mich machten.

Es waren diese Kollegen, die wie ich, wenn auch damals in größerem Maße, die Strafverteidigung pflegten. Aber es gab auch Kollegen aus dem Bereich des Zivilrechts, die ich schon deshalb bewunderte, weil mir dieses Rechtsgebiet immer leicht unheimlich vorgekommen ist und weil sie sich durch den Urwald der Zivilprozessordnung mit der Machete ihres Könnens einen Weg bahnen konnten, während ich mir manchmal wirklich hilflos und verlassen in diesem Dschungel der Vorschriften vorkam. Diese Wildnis betrete ich auch heute nur in Randbezirken.

Einer dieser von mir höchst bewunderten Pfadfinder der Zivilprozessordnung war Rechtsanwalt Dr. Oswald Frank. Wir junge Anwälte scheuten uns, ihn einfach Kollege zu nennen, weil er aus unserer Sicht in einer völlig anderen Gewichtsklasse beheimatet war. Neben seinem immensen Können fiel er vor allem durch seine Art auf, sich in leicht ironischer Distanz den Problemen zu nähern. Er genoss bei der Richterschaft hohes Ansehen, es gab Richter, die ihm geradezu Verehrung entgegenbrachten, was uns Jüngere oft im Regen stehen ließ, wenn er den Raum betrat. In der Regel, vor allem bei einer Zivilkammer, die auch der Schauplatz der Geschichte im Weiteren sein wird, kam er sofort zum Zuge und er nahm dieses Privileg mit lässiger Grandezza auch in Anspruch. Geradezu gefürchtet waren seine beiläufigen Bemerkungen, mit denen er sofort die Szene beherrschte.

Ich erinnere mich daran, dass ein junger, sehr bemühter Amtsrichter ihm einmal in einer Sitzung seine Rechtsmeinung vortragen wollte und dieses Vorhaben damit einleitete, dass er freudig erregt sagte: "Herr Dr. Frank, ich habe mir die Sache noch einmal angesehen und bin zu einer völlig anderen Rechtsauffassung gekommen als Sie. Darf ich Ihnen diese einmal darstellen?" "Ach wissen Sie," erwiderte der Angesprochene, "mein Herz hängt nicht sehr daran". Die rechtlichen Ausführungen des Richters unterblieben.

Es gab eine Fülle von Situationen, in denen Dr. Frank einfach durch einen prägnanten Satz entweder die Stimmung anheizen oder entschärfen konnte. Er hatte also all das, was ein Anwalt haben muß und war deshalb für uns Junge ein Vorbild, dem man nachzueifern versuchte. Er war dabei von einer sehr kühlen Ausstrahlung, die es verbot, sich ihm in irgendeiner Weise unziemlich zu nähern. Alle Kontaktaufnahmen mit den Kollegen hatten einen gewissen rituellen Charakter.

Eines Tages hatte die 2. Zivilkammer Sitzungstag. Damals waren die Zivilsitzungen noch nicht so zersplittert wie heute, wo man sich selten einer Kammer (drei Richter) gegenüber sieht, sondern die Rechtsprechung auch innerhalb des Kammersystems in der Regel bei Einzelrichtern stattfindet. In jener Zeit war der Donnerstag Sitzungstag. Die Anwälte traten alle an, was auch einen gewissen gesellschaftlichen Reiz hatte, weil dies eine Gelegenheit war, bei der man sich austauschen und auch am Rande der Sitzung andere Fälle besprechen konnte.

An diesem Tage herrschte großer Andrang und ich hatte einen Fall zu behandeln, der im Grunde erledigt war. Es ging darum - Juristen wissen, dass dies manchmal sehr schwierig sein kann -, dem Gericht gegenüber eine Antwort darauf zu geben, ob man die Hauptsache (ich war Klägervertreter) für erledigt erklären kann oder ob der Anspruch, weil das erledigende Ereignis vom Zeitpunkt her nicht sicher war, aus Kostengründen weiter verfolgt werden muss. Jedenfalls hing damals von dieser Entscheidung kostenmäßig einiges ab, denn in dem geschilderten Fall handelte es sich um einen verhältnismäßig hohen Streitwert.

Mir war trotz intensiver Überlegung nicht klar, ob ich die Sache für erledigt erklären sollte oder nicht. Ich erhoffte mir durch Hinweise des Vorsitzenden oder gar davon die Rettung, dass dieser die Sache einfach in die Hand nehmen und dem Gegner erklären würde, dass die Hauptsache erledigt werden könne.

Nun war der damalige Vorsitzende manchmal darauf aus, gerade uns jungen Anwälten eine Lektion zu erteilen, und es bereitete ihm diebische Freude, uns aufs Eis zu locken. Dies war mir natürlich bekannt, und ich hoffte, dass er heute einen guten Tag haben und von den üblichen Spielchen absehen würde. Aber das Gegenteil war der Fall. Ihm schien klar zu sein, dass mich die Frage der Erledigungserklärung in höchste Nöte bringen könnte, und er gab deshalb auch keinen Hinweis darauf, was ich beantragen sollte.

Als wir mitten in der Verhandlung waren, gab es eine Unterbrechung, von der ich sofort wusste, auf was sie zurückzuführen war. Denn der Vorsitzende hielt in seinem Vortrag inne und wandte sich zur Tür, in der Dr. Frank erschienen war, seine übliche leicht ironische Verneigung vor dem Gericht machte und - ich kann es nicht anders ausdrücken - vom Richter begeistert begrüßt wurde. Ich hatte schon gehofft, er würde meine Sache unterbrechen, um dem Kollegen Vorfahrt zu gewähren. Dem war aber nicht so. Der Vorsitzende wandte sich nach dem Begrüßungsritual wieder der Sache zu und forderte geradezu ungeduldig: "Erklären Sie jetzt die Hauptsache für erledigt oder nicht?"

Ich war in höchsten Nöten. In diesem Augenblick spürte ich eine Hand auf meiner Schulter, und als ich mich umdrehte, sah ich den Kollegen Dr. Frank, der mit der anderen Hand eine gebieterische Bewegung zum Gericht machte und nur ein Wort sagte: "Moment!" Er blätterte kurz in meinen Schriftsätzen, der Vorsitzende ließ ihn wie üblich gewähren, und flüsterte mir dann ins Ohr: "Erledigt erklären!" Frohgemut wandte ich mich an das Gericht und sagte: "Wie mir ein hoch erfahrener Kollege soeben mitteilt, soll ich die Hauptsache für erledigt erklären und tue dies hiermit."

Leicht enttäuscht nahm der Vorsitzende dies zur Kenntnis. Da aber der Vorschlag von dem von ihm hoch verehrten Dr. Frank kam, sparte er sich jeden weiteren Kommentar und nahm meine Erklärung zu Protokoll, eine Erklärung, die, wie könnte es anders gewesen sein, nach dem Ratschlag dieses Meisters des Zivilprozessrechts natürlich richtig war.

Ich war regelrecht erleichtert. Als ich die Sitzung verließ, wollte ich dies nicht tun, ohne meinen Dank abzustatten und wandte mich dem Kollegen zu: "Herr Dr. Frank, ich war in höchster Not, ich danke Ihnen, dass Sie mir aus dieser Verlegenheit geholfen haben." Schon im Weggehen wandte er sich zu mir um, lächelte süffisant, legte mir, ich empfand das als Ritterschlag, die Hand erneut auf die Schulter und sagte: "Ach wissen Sie, ich habe etwas gegen Tierquälerei!"

Der Pfälzer Neger

Wartezimmer haben es so in sich. Manchmal trifft man, vom Terminkalender irre geleitet, auf Personen, mit denen man nicht gerechnet hatte oder die sich völlig anders optisch darstellen, als man vom Namen ausgehend sich eine Vorstellung hat machen können. Eine dieser Überraschungen barg mein Wartezimmer an einem Nachmittag, als ich als nächsten Klienten einen baumlangen, ausgesprochen kräftig wirkenden - und ich bin politisch inkorrekt genug, um das Wort zu verwenden - Neger vorfand, der mich mit großen Augen ansah.

Ich war zunächst etwas verwirrt darüber, weil mir unklar war, ob ich mit meinem rudimentären Englisch oder meinem auch nicht besonders klassischen Französisch den Neger sprachlich angehen sollte, als dieser mir, schon in mein Arbeitszimmer gelangt, an meiner Mine ablesend, was mich bewegte, den klassischen Satz entgegenhielt: "Sie brauchen sich überhaupt kee Gedanke mache, wie Sie mich anrede sollen, ich bin en Pälzer Neger." Dies war so fröhlich und entwaffnend vorgebracht, dass ich mit ihm in ein herzliches Lachen ausbrach.

Der Fall, den er mir schilderte, war dann aber im Grunde sehr unschön. Unser Pälzer Neger, wie ich ihn fortan nennen möchte, schilderte nämlich, dass er als Mittelstürmer eines B-Klasse-Fußballvereins sehr viel erdulden müsse. In vielen Spielen, und er relativierte dies, dass ihm derartige Ausdrücke zunächst einmal gar nichts ausmachten, werde er als "Kohlenkasten", "Rußbutzen", "Nigger" oder gar "schwarze Sau" bezeichnet. Er versicherte mir, dass er sich immer Mühe gebe, diese Dinge zu überhören, und ich sagte ihm dann noch spaßhaft, dass es als Mittelstürmer die beste Rache für solche Äußerungen wäre, einfach Tore zu schießen. Mit einem Lächeln quittierte er diese Bemerkung.

Was ihn zu mir geführt hatte, war, dass er in einem Spiel, das drei Tage zurücklag, von seinen Gegenspielern mit derartigen Ausdrücken in einer solchen Fülle belegt worden war, dass auch ihm die "Hutschnur" geplatzt sei und er einem der Spieler, der ihn besonders beleidigt hätte, mit der Faust ins Gesicht geschlagen habe. Er fügte noch an, dass er von Natur aus gutmütig sei. Ich war geneigt, ihm zu glauben. Dieser Spieler hatte nun über einen Anwalt Ansprüche angemeldet.

Armin
Hott

In der weiteren Schilderung des Vorfalles sagte der Pälzer Neger, er sei sich klar darüber, dass er so nicht hätte reagieren dürfen. Was ihn aber am meisten erbost habe, sei die Tatsache, dass er beim Verlassen des Spielfeldes (der eigentliche Vorfall lag zu diesem Zeitpunkt schon mindestens 20 Minuten zurück) von einem Zuschauer angegriffen, beleidigt und geschlagen worden sei. In seiner unmittelbaren Schilderung hörte sich dies so an: "Un als ich vum Spielfeld gange bin, kam so ein älterer Sack und hot ma ins Genick geschlache."

Auf meine Frage, was ich mir altersmäßig unter einem "älteren Sack" vorzustellen habe und ihn aufforderte, mich einmal anzuschauen und mir zu sagen, wie er mich einordnen würde, sah er mich lange intensiv an und erklärte dann ohne Umschweife: "Sie, Sie sin jetzt en alter Sack." Damit war ich richtig in seiner Skala eingeordnet.

Kurz und gut, ich wollte die Geschichte schnell lösen und ich rief den Kollegen an. Wir erörterten die Sache und es konnte eine für beide Seiten vernünftige und sinnvolle Lösung gefunden werden, was dadurch begünstigt wurde, dass der Kollege und ich schon seit Jahren befreundet waren und auch dieser ein gewisses Verständnis für die Nöte meines Mandanten aufbrachte.

Der Pälzer Neger war über die rasche Lösung begeistert und dankbar, dass er nicht vor Gericht musste und dass die zivilrechtlichen Folgen sich in einem sehr maßvollen Rahmen außergerichtlich gehalten hatten. In der Folgezeit, wenn er mich auf der Straße sah, konnte er sich nicht zurückhalten, mir seine dauerhafte Dankbarkeit zu beweisen, indem er auf mich zurannte, mich umarmte, vom Boden abhob wie ein Eiskunstläufer seine Partnerin, um mich dann wieder sanft auf der Straße aufzusetzen.

Einer dieser Überfälle im Beisein meiner Frau hat bei ihr Panik und Entsetzen ausgelöst. Ich konnte ihr erst später erklären, dass dies kein Anschlag gewesen sei, sondern die Art und Weise, wie der Pälzer Neger seine fortdauernde Dankbarkeit mir gegenüber auszudrücken gewohnt war. Alles in allem ein gelungenes Beispiel von Integration.

Der Gerichtsbeschluss

Eine der Geschichten, die an den Lagerfeuern der Justiz, wenn sich Staatsanwälte, Richter und Anwälte wo auch immer zusammenfinden, immer wieder erzählt wird, ist die eines Pirmasenser Amtsrichters. Diese Geschichte ist von einem späteren Direktor des Amtsgerichts in Bad Dürkheim, der lange Zeit auch Vorsitzender einer Strafkammer in Landau gewesen ist, überliefert worden. Sie handelt von einem Anwalt, der an diesem Fall beinahe verzweifelt wäre.

Nach den gängigen Schilderungen wartete der arme Kollege schon über ein Jahr auf irgendeine Regung des Gerichts und alle seine Eingaben und Schreiben waren ohne Widerhall geblieben. Er musste sich langsam vorkommen wie jemand, der Steine in einen tiefen Brunnenschacht wirft und dort nicht einmal deren Aufschlagen im Wasser hört. Dabei handelte es sich um einen ganz gewöhnlichen Zivilrechtsstreit.

Nachdem der Anwalt immer und immer wieder, auch telefonisch und mündlich, dann wieder in Anschreiben, geradezu flehentlich darum gebeten hatte, die Sache endlich weiter zu betreiben, schwang er sich zu einem ultimativen Schriftsatz auf, der seine Wucht aus dem einen Satz gewinnen sollte, den er zu Papier brachte: "Bitte ich jetzt endlich, die Sache zu fördern."

Hinterhältigerweise teilte ihm der mit der Sache befasste Richter, nachdem dieser monumentale Schriftsatz bei ihm angekommen war, telefonisch beiläufig mit, er habe sich jetzt die Sache vorgenommen und in der nächsten Sitzung werde ein Beschluss ergehen. Der Kollege, überglücklich, dass endlich seine Bemühungen gefruchtet hatten, betrat gespannt den Gerichtssaal, um sich dann am Richtertisch die Akte herauszusuchen und diesen angekündigten Beschluss endlich in Händen zu haben.

Als er die Akte aufschlug, las er folgendes: "Beschluss: Die Sache wird gefördert. gez. Richter."

Wie die Sache ausgegangen ist, ist mir nicht überliefert worden. Jedenfalls ist mir persönlich von einem Duell im Bereich der pfälzischen Justiz nichts bekannt geworden.

Der Briefkastenkacker

Es war im Jahre 1987, als sich ein exemplarischer Nachbarrechtsstreit vor Gericht zugetragen hat, der über das Bitterernste dieser Auseinandersetzung hinaus (ich habe einige Streitfälle in meinem Berufsleben tödlich enden sehen) durch die mit der Entscheidung befassten Richterin einen ausgesprochenen humoristischen Einschlag bekam. Dieser führte dazu, dass der Fall exemplarisch Gegenstand universitärer Seminare über Humor in der Jurisprudenz geworden ist.

Grundsätzlich sind Nachbarrechtsstreitigkeiten gerade für die damit befassten Anwälte sehr unangenehm, weil nicht die eigentliche Auseinandersetzung den Kern des Problems bildet, sondern den Anlass darstellt, der in aller Regel auf völlig andere Ursachen hindeutet. Es ist deshalb immer förderlich, die Ursachen zu Tage zu fördern, um vielleicht in einigen Fällen dauerhaft Frieden zwischen den Nachbarn stiften zu können.

Ein Landauer Amtsrichter hat einmal (Hemingway hätte dies nicht besser formulieren können) die gesamte Problematik am Anfang des Tatbestands eines Urteils in einem Satz festgehalten: " Die Parteien sind Nachbarn und Angehörige des öffentlichen Dienstes!" Treffender und Kürzer hätte man das Drama nicht zuspitzen können.

Bei Streitigkeiten unter Nachbarn geht es um Grenzabstände, um überhängende Hecken, um Obstbäume, die zu Recht oder zu Unrecht beschnitten worden sind, um mangelnde Grenzabstände, um Fenster, die ohne Erlaubnis angebracht den nachbarlichen Frieden stören, um Spionage vom Nachbargrundstück aus - also ein Fülle von Möglichkeiten, sich gegenseitig das Leben schwer zu machen. Im Grunde ist es die Aufgabe des Anwalts, hier die Wogen zu glätten und wenn irgend möglich das "Gift" aus der Auseinandersetzung zu nehmen.

Ich rücke an dieser Stelle das Originalurteil, verkündet am 2. Dezember 1987 (wir vertraten den Beklagten) wörtlich ein und weise darauf hin, dass dieses Kunstwerk Amtsrichterin Christine Neu zu verdanken ist, die um die segensreiche Wirkung des Humors auch in Rechtsangelegenheiten weiß und auf die Goethes Wort über Lichtenberg - weiblich abgewandelt - zutrifft: "Wo sie einen Scherz macht, da liegt ein Problem verborgen."

Armin Holt

Das Urteil lautete:

1. Die Klage wird abgewiesen.

2. Die Kläger tragen als Gesamtschuldner die Kosten des Verfahrens.

3. Das Urteil ist hinsichtlich der Kosten ohne Sicherheitsleistung vorläufig vollstreckbar.

Tatbestand: Die Parteien waren bis vor einigen Wochen Grundstücksnachbarn in Niederotterbach. Sie sind zu tiefst miteinander verfeindet, wobei die Vorfälle, welche zu dem Verwürfnis führten, dem Gericht aufgrund abgeschlossener Verfahren teilweise amtsbekannt sind, teilweise im Verlaufe vorliegenden Verfahrens in schrecklicher Ausführlichkeit seitens des Beklagten mitgeteilt wurden. Gegenstand vorliegenden Verfahrens ist der vorläufig und, wegen Wohnsitzwechsels der Kläger auch hoffentlich letzte, Zusammenstoß der Parteien.

Die Kläger machen einen Schmerzensgeldanspruch wegen Persönlichkeitsrechtsverletzung durch die Kinder des Beklagten geltend. Sie tragen hierzu vor, die deliktsunfähigen Kinder des Beklagten hätten sie, die Kläger, am 9.8.1987 auf offener Straße mit dem Wort "Briefkastenkacker" geschimpft. Dies sei von dem Beklagten geduldet worden. Der Vorfall wiege um so schwerer, als Passanten alles mitbekommen hätten.

Die Kläger beantragen, den Beklagten zu Zahlung eines Schmerzensgeldes in Höhe von 500 DM nebst 7,5 % Zinsen hieraus seit 2.9.1987 zu verurteilen. Der Beklagte beantragt, die Klage abzuweisen. Er bestreitet, dass seine Kinder die fraglichen Ausdrücke den Klägern an den Kopf geworfen hätten. Im übrigen hätten sich die Kläger ein solches Verhalten auch selbst zuzuschreiben, denn in der Tat sei am 10.2.87 sein, des Beklagten, Briefkasten einschließlich der darin befindlichen Zeitung mit menschlichem Kot verschmiert gewesen, und er unterstelle den Klägern, diese Verunreinigung herbeigeführt zu haben. Bezüglich des sonstigen Vorbringens der Parteien, insbesondere bezüglich des Inhalts der gewechselten Schriftsätze sowie der dem Gericht übergebenen Urkunden und Unterlagen wird auf den Akteninhalt verwiesen.

Entscheidungsgründe: Die Klage hat sich als in vollem Umfange unbegründet erwiesen. Die Anspruchsgrundlage für das Begehren der Kläger ergibt sich aus

§§ 823, 828, 832 und 847 BGB. Die Überprüfung der Voraussetzung der einzelnen Vorschriften ergibt jedoch, dass den Klägern ein Schmerzensgeldanspruch wegen des fraglichen Vorfalls nicht zusteht. Nach der gesicherten höchstrichterlichen Rechtssprechung führen Persönlichkeitsrechtsverletzungen nur unter zwei eingeschränkten Voraussetzungen zu der Berechtigung, Schmerzensgeld von dem Schädiger zu verlangen.

Es muss sich um eine besonders schwerwiegende Verletzung des Persönlichkeitsrecht handeln und Genugtuung darf nicht auf eine andere Weise, z. B. durch Gegendarstellung oder Widerruf, zu erlangen sein. Für den vorliegenden Fall kommt als Besonderheit hinzu, dass dem Beklagten auch die Verletzung der ihm obliegenden Aufsichtspflicht gegenüber seinen deliktsunfähigen Kindern nachgewiesen werden muss.

1. Es ist schon äußerst fraglich, ob die den Klägern zuteil gewordene Bezeichnung als "Briefkastenkacker" überhaupt eine Verletzung des geschützten Persönlichkeitsrechts darstellt. Bei unbefangener Betrachtungsweise enthält die Bezeichnung als "Briefkastenkacker" nur die Beschreibung einer besonders unbequemen Art und Weise, eine Verrichtung auszuführen, für welche die normalen Zeitgenossen erheblich mehr an Wärme, Gemütlichkeit und Ruhe benötigen, als ein Sitz auf dem Briefkasten im Zweifel zu bieten imstande ist. Bedenkt man weiter, welch erheblicher Prozentsatz der normalen Bevölkerung wert auf eine abgeschlossene Tür sowie angemessene Lektüre in Form von Tageszeitungen, Taschenkrimis oder Mickeymausheften legt, lässt sich nicht von der Hand weisen, dass der Begriff "Briefkastenkacker" durchaus sogar mit einem Unterton von Respekt und Bewunderung gebraucht werden kann.

2. Das Gericht vermag auch die besondere Schwere der angeblichen Persönlichkeitsverletzung nicht zu erkennen. Es fällt nämlich auf, dass die Kläger die ihnen von dem Beklagten unterstellte Verunreinigung seines Briefkastens keineswegs bestritten haben. Lediglich in einem eigenhändigen Brief der Kläger, welcher dem Gericht zwar zur Kenntnis gebracht wurde, aber ausdrücklich von dem Rechtsvertreter der Kläger nicht zum Gegenstand des schriftsätzlichen Vortrags gemacht wurde, wird die Vermutung geäußert, der Beklagte habe die Verunreinigung seines Briefkastens insoweit selbst zu vertreten, als er möglicherweise im Suff seine Morgenzeitung mit Klopapier verwechselt habe. Dies erscheint dem Gericht allerdings unwahrscheinlich, da eine konsequente Weiterverfolgung dieses Gedankengangs ergibt, das der Beklagte die als Klopapier

benutzte Zeitung nach Gebrauch und nach Feststellung des Irrtums wieder in den Briefkasten zurückgetragen haben müsste, offenbar in der kindlichen Hoffnung, der zweckentfremdete Gebrauch der Zeitung würde vielleicht nicht bemerkt werden.

Ein solcher Grad an Trunkenheit kann dem Beklagten in Anbetracht der in Frage stehenden Tageszeit allerdings nicht unterstellt werden und hätte, wenn die Kläger sich auf diese Weise hätten entlasten wollen, substantiiert und unter Beweisantritt vorgebracht werden müssen. Im Übrigen steht aufgrund des sonstigen wechselseitigen Vorbringens der Parteien fest, dass die üblichen nachbarschaftlichen Unterhaltungen der Parteien bevorzugt, die Gegend südlich des Körper-Äquators zum Gegendstand hatten. Z. B. hat der Beklagte unwidersprochen vorgetragen, die Kläger hätten ihn des öfteren mit "Arschloch", "Scheißkerl" bezeichnet und der Hoffnung Ausdruck gegeben, man solle ihm, dem Beklagten, "die Eier abschneiden". Auch vor diesem Hintergrund erscheint der Ausdruck "Briefkastenkacker", selbst wenn er gefallen sein sollte, nicht als besonders schwer, sondern als dem Umgangston zwischen den Parteien angemessen.

3. Der Schmerzensgeldanspruch der Kläger scheitert des Weiteren zur Überzeugung des Gerichts auch daran, dass im vorliegenden Fall eine Genugtuung durch Gegendarstellung oder Widerruf, welcher aber nicht beantragt ist, wirksamer wäre, als die Zuerkennung des Ersatzes des immateriellen Schadens in Geld. Was nutzt schließlich den Klägern in ihrem neuen Wohnort, Bad Herrenalb, ein zusätzlicher Betrag von 500 DM, wenn sie weiterhin in dem Bewusstsein leben müssen, dass ihre ehemaligen Nachbarn in Niederotterbach nach wie vor glauben, sie, die Kläger, seien Briefkastenkacker und sich (die Nachbarn) möglicherweise die entsprechenden plastischen Vorstellungen auch für den Fall machen, dass die Verankerung des Briefkastens im Mauerwerk eines Tages nicht mehr hält.

4. Schließlich und endlich bleibt darauf hinzuweisen, dass die Kläger auch die angebliche Verletzung der Aufsichtspflicht seitens des Beklagten nicht hinreichend dargetan und unter Beweis gestellt haben. Aus dem eigenen Vortrag der Kläger ergibt sich, dass die Kinder des Beklagten beim Auftauchen der Kläger auf der Straße spontan ihnen den Ausdruck "Briefkastenkacker"

zuriefen. Die Kläger haben sich nicht dazu geäußert, wie der Beklagte derartige Spontanreaktionen seiner Kinder hätte verhindern können.

Es gibt höchstrichterliche Entscheidungen, aus welchen sich ergibt, dass schon bei einem fünfjährigen Kind keineswegs mehr eine jederzeitige Eingriffsmöglichkeit bestehen muss. Die erkennende Richterin ist im Übrigen selbst mit zwei lebhaften und fantasiebegabten Kindern gesegnet, denen sie eine sorgfältige und an bildungsbürgerlichen Idealen orientierte Erziehung angedeihen lässt. Dennoch hat leidvolle Erfahrung ergeben, dass es sich nicht verhindern lässt, dass Kinder im Freundes- oder auch im Familienkreis Kraftausdrücke aufschnappen, die sie bei passender und unpassender Gelegenheit umso lieber verwenden, je blumiger und plastischer diese Ausdrücke sind. So etwas lässt sich auch dann nicht verhindern, wenn ein Elternteil direkt neben dem Kind steht. Die Zeiten, in denen als Erziehungsideal der Grundsatz galt, dass Kinder in Begleitung Erwachsener nur auf ausdrückliche Frage oder Ansprache den Mund aufmachen durften, sind ohnehin vorbei.

Aus alle dem ergibt sich, dass wegen Fehlens verschiedener Voraussetzungen der Schmerzensgeldanspruch nicht zugesprochen werden konnte. Den unterlegenen Klägern sei als Trost mitgeteilt, dass sie nicht die Ersten und vermutlich auch nicht die Letzten sind, die vor den Schranken eines Gerichts Gerechtigkeit verlangen, aber wegen der kleinlichen Vorschriften des BGB und der ZPO über die Voraussetzungen schadensersatzbegründeter Handlungen sowie über die Beweislastregeln nur ein Urteil erhielten. Die Kläger wären vermutlich besser beraten gewesen, sich gegenüber dem "Angriff" der Kinder des Beklagten sofort und mit angemessenen Mitteln zur Wehr zu setzen, ungefähr nach dem Motto: "Ruft vom Nachbarn der Racker / laut "Briefkastenkacker" / und Du fühlst Dich gekränkt / von Rache gelenkt / so antworte schnell und nicht unbedingt leiser / "Windelscheißer"."

Dieses Urteil war mit seiner Begründung so animierend, dass ich (es war Dezember) bei der Kostenfestsetzung ebenfalls in Reime verfallen bin: "Weihnachten steht vor der Tür, / Anwalt geht's wie dir und mir / braucht viel Geld für schöne Sachen / bitte Kosten fertig machen!"

Die Kostenfestsetzung erfolgte dann umgehend und Weihnachten war gerettet.

Der fast verlorene Prozess

In einer Kanzlei, in der mehrere Anwälte tätig sind, kommt es - zumindest war es damals bei unserer Struktur so - durchaus vor, dass einer federführend den Fall betreut, im Zivilrecht zum Beispiel die Schriftsätze fertigt und verantwortet und aus terminlichen Gründen dann ein anderer in die Gerichtsverhandlung geht. Das ist in der Regel der Fälle unproblematisch, weil das Zivilverfahren im Grunde (auch die Neuerungen haben hier nicht viel gebracht) zu einem schriftlichen Verfahren verkommen ist, das nur in Ausnahmefällen in mündlichen Verhandlungen noch irgendwelche Überraschungen birgt.

Einer dieser Fälle wurde mir einmal von einem Mitarbeiter übergeben, der mich bat, in der Sitzung beim Amtsgericht in Bad Bergzabern (damals noch ein völlig selbständiges Gericht, nachdem es nunmehr Landau angegliedert worden ist) einen Fall, den er verantwortlich bearbeitet hatte, zu vertreten. Es handelte sich um einen Verkehrsunfall, der uns auf der Klägerseite sah. Im Schriftsatz, den ich natürlich vor der Sitzung überflogen hatte, war ausgeführt, dass das vom Gegner geführte Auto plötzlich aus einer Straße, wo rechts vor links galt, herausgefahren und in die Fahrbahn des von unserem Mandanten gesteuerten Fahrzeugs geraten sei. Aufgrund der gegebenen Verhältnisse habe er keine Abwehrreaktion mehr vornehmen können. Der Schaden war verhältnismäßig groß, etwa 3.000 bis 4.000 DM standen auf dem Spiel. Für das Ereignis selbst hatte der Kollege eine Zeugin angeboten, die ich im Fortgang einfach anonymisierend Lehmann nennen möchte.

Der entscheidende Passus im Schriftsatz, der uns zum Sieg führen sollte, hieß denn auch, dass die Zeugin Lehmann, die im gegenüberliegenden Haus am Fenster gestanden habe und den Vorgang deshalb hätte sehen müssen, über das gesamte Ereignis berichten könne. Nun ist es bei all diesen Fällen so, dass der Anwalt - und dies sollte man den Mandanten auch immer klar machen - seine juristische Arbeit dann getan hat, wenn er einen Zivilprozess in die so genannte Beweisstation geführt hat, wenn also aufgrund seiner Darstellung und seiner rechtlichen Ausführungen das Gericht sich genötigt sieht, den angebotenen Zeugen zu dem geschilderten Sachverhalt zu vernehmen. Weil jetzt der Ausgang eines Prozesses, ich zitiere mich selbst, "von der Zuverlässigkeit der Angaben des Mandanten abhängt". Es ist weiter im Zivilprozess die Regel, dass derjenige, der aus einer Tatsache eine für ihn günstige Rechtsfolge ableiten

Armin Hott

will, diese lückenlos beweisen muss.
Wir mussten also in diesem Fall beweisen, dass der Unfall in der von uns geschilderten Form stattgefunden hatte und wenn die Zeugin auch nur den Sachverhalt unsicher darbieten würde oder sich überhaupt nicht mehr an einen solchen Vorgang hätte erinnern können, dann wäre der Prozess für uns verloren gewesen.

Angesichts des Schriftsatzes und des Beweisangebots, das einfach und zielführend war, begab ich mich frohgemut in den Gerichtssaal, redete kurz mit dem Mandanten und erwartete das Gericht. Nach den üblichen Präliminarien und der Stellung der Anträge wurde dann die von dem gegnerischen Anwalt und mir doch mit einiger Spannung erwartete Frau Lehmann in den Zeugenstand gerufen. Sie entsprach dem Bild einer pfälzischen Matrone im Übermaß, übergewichtig und fröhlich. Etwas zögerlich setzte sie sich auf den Zeugenstuhl. Amtsrichter Hermann Ernst, ein Mann klarer Worte und durchaus mit einem deftigen Humor gesegnet, begrüßte die Zeugin, ging die Personalien durch und stellte dann ohne große Umschweife die entscheidende Frage: "Frau Lehmann, Sie waren doch damals am Fenster und haben den Unfall gesehen, wie hat er sich denn zugetragen? Bitte erklären Sie das dem Gericht."

Die Zeugin ließ den Richter kaum aussprechen, fiel ihm im letzten Teil des Satzes ins Wort und sagte: "Es tut mer jo läd, Herr Richter, aber ich kann Ihne net helfe, ich häb gar nichts gsehne."
Ich war schon geneigt, meine Akten zu schließen und den Mandanten darauf vorzubereiten, dass aufgrund des, aus unserer Sicht, Versagens der Zeugin die Sache nun negativ gelaufen sei, als plötzlich der Richter in sehr lautem Ton die Zeugin anging: "Lügen Sie doch net so dreckig, Frau Lehmann. Immer wenn ich morgens an Ihrem Haus vorbeifahr, hängen Sie im Fenster und glotzen raus. Sie werden mir doch net sage wollen, dass des grad an dem Tag anders gewese sei soll."

Übergangslos antwortete die Zeugin daraufhin: "Herr Richter, der Unfall hat sich folgendermaßen zugetragen ..." und schilderte dann in aller Ausführlichkeit den Unfall, so dass nach erneuter Stellung der Anträge das Gericht in der Lage war, vom Stuhl weg unserem Antrag zu entsprechen.

Ohne die intime Kenntnis des Richters von den Lebensgewohnheiten der Zeugin und seinem beherzten Auftritt wäre hier also das, was wir auch in kleinen Dingen oder der von dem Fall selbst Betroffene als Gerechtigkeit ansieht, auf der Strecke geblieben.
Eine der Neuerungen, die die Justizreform gezeitigt hat und die aus der Sicht vieler mit der Materie vertrauter Fachleute nicht besonders gut war, ist die Schließung der kleinen Amtsgerichte. An dem vorstehend erzählten Fall lässt sich dies, ohne dass man große Worte zu machen braucht, einfach ablesen.

Wäre diese Sache in Landau verhandelt worden, so hätte der Richter, der die Gegebenheiten - in diesem konkreten Fall die Zeugin und ihre Lebensgewohnheiten - nicht gekannt hätte, weil er nicht jeden Morgen dort vorbeiging oder vorbeifuhr, den Fall einfach anders entscheiden müssen. Denn seine Beurteilungsgrundlage wäre eine völlig andere gewesen. Aber nicht nur, dass der Richter in kleineren Bezirken diese Möglichkeit wie in dem geschilderten Fall hat, die ja eher selten ist, macht die Schließung der kleinen Amtsgerichte so bedenklich. Das Bild, das die Öffentlichkeit vom Richter hat, ist dadurch in den ländlichen Bereichen etwas getrübt oder zumindest in ein anderes Licht gerückt worden.

Früher gab es den königlichen Amtsrichter, der (ich denke zum Beispiel an ein Gericht in Annweiler, das auch schon längst geschlossen ist) in der ganzen Stadt anerkannt und in der Regel beliebt und geachtet war und dessen Urteile schon deshalb Geltung beanspruchen konnten, weil hinter ihnen nicht die - und ich muss jetzt wieder ins Latein verfallen - potestas des Amtes (also die Macht des Amtes), sondern die auctoritas (also die Autorität) der Person stand.

Ich habe in einem kleinen Amtsgericht in einer Strafsache einmal ein Urteil für einen Mandanten bekommen, das mir juristisch überhaupt nicht schmeckte. Mir war klar, dass die Berufung hier unbedingt angezeigt war, als der Mandant, der den Richter wohl schon jahrelang aus den geschilderten engen sozialen Bezügen kannte, mir eindeutig erklärte: "Gegen diesen Richter mache ich keine Berufung." Auf meine erstaunte Nachfrage hin erklärte er mir, dass dieser Mann ihm schon seit Jahren bekannt sei. Er habe hohen Respekt vor ihm, und er habe ihn auch in der im Ergebnis aus seiner Sicht nicht gut ausgegangenen Verhandlung so fein und vornehm behandelt, dass er auf keinen Fall das Urteil dieses Richters angreifen wolle.

Diese persönliche Bindung zwischen dem Recht suchenden Publikum und denjenigen, die die vornehme Aufgabe haben, Recht zu sprechen, ist verloren gegangen. Der Richter rückt in die Situation und in die Stellung eines Funktionärs ein, der die knappe Resource Recht verwaltet und an das Publikum weitergibt.

Die Beziehung zwischen dem, der Recht spricht und dem, der es von ihm verlangt, ist also - um ein Bild aus einer anderen Sphäre, in der es genauso zugeht, zu bemühen - in große Discountläden verlagert worden. Das persönliche juristische Fachgeschäft, wie es das kleine Amtsgericht darstellte, in dem, ich behaupte dies einfach, die "Waren" besser waren und vor allem die "Bedienung" persönlicher war, ist leider verloren gegangen.

Es ist tröstlich und beinahe schon erstaunlich, dass man in großen Gerichten immer noch auf solitäre richterliche Persönlichkeiten trifft, die sich von der Betriebsamkeit des großen Apparates in keiner Weise beeindrucken lassen, sondern auf der Insel ihrer aus ihrer Persönlichkeit erwachsenen Autorität nach wie vor die Art von Rechtsprechung betreiben, die das Publikum mitnimmt. Dem Unterlegenen wird eindeutig klar gemacht, dass er hier zwar den Kürzeren gezogen hat, dies aber nach Regeln, die auch für ihn zu beachten sind. Aber es könne auch Situationen geben, in denen er aufgrund gerade dieser Regeln auch auf der Gewinnerseite sein könne. Dies ergibt sich daraus, dass in diesen Fällen der "Schiedsrichter" anerkannt wird, auch wenn das entsprechende Spiel für die eine Partei verloren gegangen sein sollte. Natürlich kann man die Zeit nicht zurückdrehen. Aber es ist immer wieder günstig und förderlich, den Geist, der in diesen kleinen Amtsgerichten geweht hat, ab und zu als lindes Lüftchen durch die verworrenen Gänge großer Gerichte streichen zu lassen.

Die Pampelmusen

Früher hieß man Assessor und dadurch wurde dezent, auch für das Publikum erkennbar, auf die praktische Ahnungslosigkeit dieser gefährlichen Spezies hingewiesen, die deshalb am Besten ihre zunächst meist bitteren Erfahrungen unter der Ägide einer gestandenen Zivilkammer (beim Staat) oder als Anwaltsassessor bei einem routinierten älteren Kollegen machen musste oder in meinem Fall eher durfte.

Mich hatten nämlich Glücksumstände zu dem Anfang der siebziger Jahre des letzten Jahrhunderts renommiertesten Strafverteidiger zumindest der Südpfalz, Dr. Karl Kerscher, geführt, der von Germersheim aus die strafrechtliche Szene dominierte und der mich vor allem deshalb engagiert hatte, weil er einer der Verteidiger im so genannten Lebach-Prozess in Saarbrücken war - ein Kriminalstück, das damals die Republik bewegte - und für die allgemeine Kanzlei deshalb jemanden benötigte.

Es ist jetzt nicht der Platz auf die Besonderheiten des von mir hoch verehrten Lehrmeisters ausführlicher einzugehen. Dies wird an anderer Stelle und in passenderem Zusammenhang nachgeholt. Jedenfalls wird ein bezeichnender Teil seines Wesens auch in dieser Geschichte sichtbar werden.

Es war Mittwoch und damit mein Großkampftag beim Amtsgericht in Germersheim, wegen der Vielzahl der von der Kanzlei damals vertretenen Fälle und wegen der stark wechselnden anwaltlichen Gegnerschaft von mir "Kerscher gegen den Rest der Welt" genannt. Es war üblich, dass ich vorher beim Chef vorsprach, um von ihm noch einige besondere Anweisungen in dem einen oder anderen Fall zu bekommen. Dabei beschränkte er sich, wie es jedem guten Juristen zukommt, auf das absolut Wesentliche, was an diesem Tag bedeutete, dass er nur einen Fall ansprach.

Genau dieser Fall war mir aber bei meiner Vorbereitung als äußerst unangenehm aufgefallen, weil die Kanzlei einen Vermieter vertrat, der die Räumung eines von einer Studentin gemieteten Zimmers verlangte, weil sie entgegen den vertraglichen Bestimmungen nach 22 Uhr, wie es damals hieß, Herrenbesuch empfangen hatte. Ein Skandal, den ich als junger Mensch Anfang der 70er Jahre des letzten Jahrhunderts nicht mehr nachvollziehen konnte, obwohl ich meine Edukation in den 50er Jahren in einem stockkatholischen Dorf genossen hatte und mir heute - allerdings in anderem Zusammenhang - unter Gottesstaat durchaus etwas vorstellen kann.

Wie dem auch sei, trotz dieses biografischen Hintergrunds, der mich für konservativen Schwachsinn anfällig machen sollte, hielt ich unsere Klage für völlig anachronistisch und war gerade im Begriff, dies dem Chef mitzuteilen, als er meine Absicht wohl erkennend mir zuvorkam: "Ja, ich weiß schon, was Sie sagen wollen, das ist doch absoluter Unsinn. Aber ich gebe Ihnen die strikte Anweisung, die Sache durchzufechten, denn (und jetzt kam ein unschlagbares Argument) unsere Berufungskammer in Landau ist noch bigott genug, uns in zweiter Instanz Recht zu geben." In Kenntnis der Zusammensetzung der Kammer konnte ich dieser Ansicht durchaus etwas abgewinnen und so munitioniert begab ich mich ins Amtsgericht.

Aber irgend etwas war anders als sonst. Je näher ich dem Gericht kam, entdeckte ich größere Scharen junger Menschen, offensichtlich alle aus Richtung der Dolmetscherschule, die Germersheim berühmt gemacht hat, kommend, dem Amtsgericht zustreben. Erst als ich mir mühsam auf der Treppe des Gerichts meinen Weg durch die Masse bahnte, wurde mir klar, dass dies alles Zuschauer und wohl auch Unterstützer der von uns beklagten Studentin sein mussten, was mich nicht gerade in zuversichtliche Stimmung versetzte.

Dann betrat ich den "Ring". Einen treffenderen Vergleich kann ich schlechthin nicht anbieten, denn der Richter, als Gerichtsassessor ebenfalls noch der juristischen Fliegengewichtsklasse angehörig, kündigte mich bei meinem Eintreten wie ein Ringsprecher vor einem großen Kampf folgendermaßen an: "Und nun erscheint für den Kläger und Rechtsanwalt Dr. Kerscher Assessor Lütz-Binder." Eine Ankündigung, die mir aus dem Zuhörerraum ein lautes mehrstimmiges "Pfui" einbrachte.

Mir gegenüber, lässig an das sonst in Strafsachen dem Staatsanwalt vorbehaltene erhöhte Pult gelehnt, erwartete mich Assessor G., damals Mitglied einer bekannten Landauer Anwaltskanzlei - Er trug die Robe wie einen Bademantel (es war brütend heiß) und es hätte mich nicht gewundert, wenn er sie auf der Stelle abgestreift und mir mit nacktem Oberkörper in Boxstellung gegenüber getreten wäre.

An seiner Seite war die Beklagte: Ein Bild von einer jungen Frau, mit einem hinreissenden Dekolleté und der Ausstrahlung, wie sie nur den ihrer weiblichen

Armin Hott

Schönheit bewussten weiblichen Wesen eigen ist. Ich war schon jetzt, unabhängig von der katastrophalen Rechtslage, verloren und nur darauf bedacht, dem von Anfang an ungleichen Kampf irgendwie möglichst unbehelligt zu entkommen.

Der Richter, durch die Zuschauer animiert, stellte verhältnismäßig breit und schon durchaus günstig in Richtung der Beklagten den Sachverhalt dar und erteilte zunächst dem Beklagtenvertreter das Wort. Im Vorgefühl seines sicheren Sieges führte der Kollege genüßlich aus, dass unabhängig von der generellen Unsinnigkeit des klägerischen Begehrens in aufgeklärten Zeiten die Beklagte zwar ihren Freund nach 22 Uhr mit auf ihr Zimmer genommen habe, dies aber nur, um ihm, der noch des Nachts nach Freiburg fahren musste, zur Wegzehrung (ich schwöre, er benutze das Wort "Wegzehrung", obwohl ich mich noch heute mit ihm darüber streite) zwei Apfelsinen zu reichen.

Längst entschlossen, die verlorene Schlacht kabarettistisch aufzulösen, sah ich nun meine Stunde für gekommen. Ich trat einige Schritte auf die Beklagtenseite zu, warf einen tiefen Blick in den üppigen Ausschnitt der Beklagten und äußerte trocken: "Es werden wohl eher Pampelmusen gewesen sein." Lachen und Applaus waren die Reaktion des Publikums, und getragen von dieser Welle der Sympathie hörte ich mich sagen (aus mir sprach so eine Art Pfingsten im Kleinformat): "Und außerdem halte ich die Klage ebenfalls für absolut unsinnig und nehme sie hiermit ohne Wenn und Aber zurück."

So langsam wie an diesem Tag bin ich noch nie vom Gericht in die Kanzlei gegangen. Nach meiner auch für mich im Grunde unvermuteten Rücknahmeerklärung fand ich mich, quasi auf den Schultern von Studenten aus dem Sitzungssaal auf die Straße getragen, nach Jubel, Gratulationen und begeistertem Schulterklopfen allein und ziemlich ratlos wieder. Was würde der Chef sagen? Wie konnte ich nur, getragen von der Gesamtstimmung, so gegen den ausdrücklichen Befehl handeln? Mir war ausgesprochen schlecht zumute.

Aber irgendwann kommt man auch dort an, wo man möglichst spät hin will. Ich beschloss, den Stier bei den Hörnern zu packen und betrat ohne weiteres Zögern das Chefzimmer. Frank und frei, was blieb mir auch anderes übrig, schilderte ich das Desaster und reduzierte das Geschehen auf den Kernpunkt. Angesichts der vom Richter geäußerten Rechtsmeinung hätte ich es vorgezogen, die Rücknahme der Klage zu erklären und räumte dabei freimütig ein, "unsere bigotte Berufungskammer in Landau" schlicht vergessen zu haben. Was nun folgte, war eine Eruption: "Sind Sie denn verrückt geworden, Sie haben gegen meinen ausdrücklichen Befehl (der Chef war lange Offizier gewesen) gehandelt und die Kanzlei lächerlich gemacht. Das ist unverzeihbar. Gehen Sie in Ihr Zimmer!" Ich sah mich schon als entlassen an.

Mißmutig und wahllos auf meinem Schreibtisch herumkramend, hörte ich nur wenig später aus dem Chefzimmer (unsere Zimmer lagen nebeneinander, nur durch eine dünne Wand getrennt) notgedrungen folgendes Telefongespräch mit: "Aber Herr L., wo denken Sie denn hin, wie lange vertrete ich Sie denn schon. Meinen Sie, ich lasse Sie zum Gespött der ganzen Stadt werden. Ich habe die Lage sofort erkannt und meinen Assessor strikt angewiesen, die Klage zurückzunehmen. Sie können ganz beruhigt sein, wir denken schließlich mit, die Angelegenheit ist absolut entschärft."

Ich will hier unterdrücken, was ich in diesem Augenblick gedacht habe. Aber die Bezeichnung "Heuchler" ist noch die mitteilungsfähigste Bezeichnung, mit der ich den Chef damals innerlich bedachte. In diese Stimmung hinein klopfte es und Dr. Kerscher stand in der Tür. Er sagte: "In diesem Büro ist es ja unvermeidlich, dass man Telefongespräche ab und zu mithört. Ich weiß, was Sie jetzt denken, dieser Heuchler, dieser Pharisäer, und Sie haben damit vollkommen recht. Aber so muss man als Chef handeln, merken Sie sich das, wenn Sie einmal selbst so weit sind. Sie haben die Feder gebracht, ich habe sie mir an den Hut gesteckt." Dann fragte er mich: "Kennen Sie den 'Prinz von Homburg'? Ich bejahte, denn natürlich hatten wir das Stück von Kleist, in dem es darum geht, dass der im Titel des Stückes genannte Prinz ausdrücklich gegen einen Befehl des Königs verstößt und durch diesen Ungehorsam die Schlacht gewinnt, ausführlich im Unterricht erörtert.

Dr. Kerscher fuhr fort: "Dann brauche ich Ihnen ja nicht mehr viel zu sagen, Sie haben gegen meinen Befehl handelnd die Schlacht gewonnen, das war Glück, nichts anderes. Nächstens halten Sie sich an die Anweisungen." Und dann kam ein Satz, den ich in mein Anwaltsleben mitgenommen habe: "Ein Profi handelt nach den Regeln und tut nicht zufällig das Richtige." Und mit diesem Kernsatz verließ er mein Zimmer, das Lächeln auf seinem Gesicht gab mir aber die Gewissheit, dass ich noch länger an diesem Schreibtisch bleiben dürfte.

Das Badezimmer

Es ist ein Alptraum aller an Gerichtssitzungen Beteiligter, wenn der mühsam aufgestellte Zeitplan - vor allem bei größeren Sachen - in Unordnung gerät, und sich die Zeugenvernehmungen oder Sachverständigen-Anhörungen aufgrund von Unpünktlichkeit oder gar Nichterscheinen verzögern. Dann werden aus Sitzungen, die für drei Tage geplant sind, juristische Marathonläufe, die allein, um mit allen Zeugen und Sachverständigen zurecht zu kommen, dann leicht zehn Tage überschreiten können.

Wenn schon morgens beim ersten Zeugen etwas schief geht, setzen sich dann die Verspätungen fort, und es ist ähnlich wie beim Zuknöpfen einer Jacke, wenn man mit dem falschen Knopf angefangen hat: Es wird nie etwas. Darum achten vor allem Richter darauf, dass sichergestellt ist, dass Zeugen, die schon von der Papierform her als anfällig gelten, pünktlich erscheinen. Insbesondere der erste Auftritt morgens um neun ist bei allen größeren Sitzungen höchst wesentlich.

Da gab es in den siebziger Jahren des letzten Jahrhunderts einen Vorsitzenden Richter in Kaiserslautern (die Geschichte ist mir von seinem damaligen Beisitzer, dem jetzigen Präsidenten des Landgerichts Kaiserslautern Dr. Wolfgang Asmus, glaubhaft überliefert worden), der Bedenken hinsichtlich eines pünktlichen Sitzungsbeginns hatte, denn die für 9 Uhr vorgesehene Zeugin, eine sehr betagte Dame, stammte aus der hintersten Hinterpfalz. Er teilte dies auch seinen Beisitzern mit. Man einigte sich schließlich darauf, der Dame nahezulegen, bereits am Vortag anzureisen und in einem Hotel zu nächtigen. Die Kosten würden großzügig übernommen. Der Vorsitzende machte sich sogar anheischig, das Hotel selbst auszusuchen.

Gesagt getan, es wurde so verfahren. Aufgrund dieser Fürsorge war die Zeugin pünktlich zur Stelle, um auszusagen. Der Vorsitzende, ein sehr jovialer Mann, fragte die alte Dame: „Na, Frau Zeugin, wie hat Ihnen denn das Hotel gefallen, das wir Ihnen ausgesucht haben ?" Da brach es aus der Frau heraus: „Herr Vorsitzender, ich muss Ihnen von Herzen danken. In so einem schönen Hotel habe ich noch nie gewohnt. Das Zimmer war wunderbar und das muss ich Ihnen auch sagen, das Badezimmer war einfach ein Traum. Schade, dass kein Samstag war!"

PS. Für die junge Duschgeneration zur Erklärung: Früher wurde nur samstags gebadet.

So Mo Di
Mi Do Fr
nur Sa

Meyer oder die Gerechtigkeit

Es war einmal ein Mann, der hieß Meyer. Ja, so hieß er wirklich und eine Anonymisierung in "Müller" würde wirklich nichts bringen. Er war so, wie er hieß: Einfach, gradlinig, aber - und dies setzt ihn von vielen anderen Meyers eher ab als seine Einfachheit - er war ein Dieb. Ein begnadeter dazu, denn nichts war vor ihm sicher. Kein Schloß hielt seinen Künsten stand, kein Behältnis, um die Gesetzessprache zu bemühen, war seinen virtuosen Angriffen gewachsen. Dabei war er höchst maßvoll, die Verhältnismäßigkeit der Mittel war auch auf seiner Seite gewahrt. Denn er zerstörte nie mehr, als er für seine Zwecke benötigte. Der leider heute bei Diebstählen oft zu beobachtende grundlose Vandalismus war seiner Künstlernatur fremd.

Nie wäre Meyer auf die Idee gekommen, nach getaner Arbeit und endlich in einem Gebäude angelangt, aus Wut oder Enttäuschung darüber, nichts Stehlenswertes zu finden, in eine sinnlose Zerstörung des Mobiliars zu verfallen. Seine Art zu stehlen hatte Takt und Augenmaß. Nur in der Anzahl seiner Diebstähle und der in der Regel auf dem Fuße folgenden Bestrafungen war er unmäßig. Allein unter meiner juristischen Assistenz (einen anderen Namen kann ich angesichts meiner zumeist erfolglosen Tätigkeit in diesen Fällen leider nicht verwenden) hatte er es zu mindestens zehn Vorstrafen gebracht. Längeren straffreien Intervallen folgten dann wieder Serien von Straftaten, aufgereiht wie Perlen auf der Schnur seiner Unverbesserlichkeit. Diese endlich einmal zu durchtrennen war weder durch die Drohung des Staatsanwaltes noch die guten Worte des Richters, schon gar nicht durch meine immer wiederkehrenden Ermahnungen möglich.

Ebenso unausrottbar wie sein Hang zu Diebstählen war seine Neigung, gegen alle Entscheidungen, die ihm nicht passten (und der Sachlage nach konnte ihm keine gefallen), in Berufung zu gehen, obwohl deren Erfolglosigkeit, was ich ihm klar zu machen nicht müde wurde, von vornherein feststand. Er brauchte die Berufungen aus therapeutichen Gründen, diese Betrachtungsweise hatte ich mir aus Notwehr zu eigen gemacht.

Nach einem der üblichen Zeiträume strafrechtlicher Abstinenz war es wieder einmal soweit. Gegen Meyer standen zwei Verhandlungen wegen Diebstahls in besonders schwerem Fall an, beide bei dem selben Richter, die eine montags,

die andere freitags. Zu dieser Konstellation war es aus Unachtsamkeit der Staatsanwaltschaft gekommen, die beide Sachen nicht gemeinsam angeklagt, sondern getrennt behandelt hatte. Auch der damit befasste Richter sah keinen Anlass zur gemeinsamen Verhandlung und ich bin heute noch für diese juristischen Flüchtigkeitsfehler dankbar, weil es ohne sie niemals zu den nun folgenden Ereignissen gekommen wäre.

Die Montagssache lag beweismäßig sehr schlecht (es ist wohl müßig hinzuzufügen, dass Meyer seine Täterschaft wie immer bestritt und mehr schlecht als recht die Rolle der verfolgten Unschuld spielte). Als ich mich zum Plädoyer erhob (der Staatsanwalt hatte ein Jahr und sechs Monate ohne Bewährung beantragt), war mir mein Antrag noch nicht klar. Erst im Fortgang meiner Ausführungen hatte ich, angeregt durch die vorangegangene höchst gütige Verhandlungsführung des Vorsitzenden, den an sich fachlich verrückten Einfall, auch Meyer wenigstens einmal zu Willen zu sein und Freispruch zu fordern. Jedenfalls hörte ich mich mit dem falschen Pathos des Unüberzeugten in den Gerichtssaal donnern: "Beantrage ich, den Angeklagten freizusprechen."

Das Wunder geschah. Meyer wurde freigesprochen. Staatsanwalt und Verteidiger blieben leicht fassungslos zurück und der nun amtlich Unschuldige trollte sich zufrieden.

Anders die Sache am Freitag. Hier war trotz einiger Indizien eine Verurteilung zum ersten Mal in meiner Befassung mit diesem Virtuosen des Diebstahls eher unwahrscheinlich. Also widersetzte ich mich dem Antrag des Staatsanwaltes, der wohl mehr aus Gewohnheit denn aus Überzeugung auch hier eine Verurteilung in etwa gleicher Größenordnung, die er montags gefordert hatte, verlangte. Guten fachlichen Gewissens plädierte ich auf Freispruch.

Es sollte anders kommen. Derselbe Richter, der montags den Angeklagten trotz höchst ungünstiger Beweislage freigesprochen hatte, verurteilte ihn jetzt, für mich völlig unverständlich. Denn die Indizienkette war höchst dünn. Ich war irritiert, um nicht zu sagen erbost und rief beim Weggehen dem Angeklagten über die Schulter zu: "Meyer, Berufung!" Der ansonsten eher kleinlaue Berufsdieb sagte mir mit geradezu herrischer Geste: "Jetzt kommen Sie mal sofort zu mir." Leicht verwundert tat ich, wie mir befohlen und kam aus dem Staunen nicht mehr heraus. Der Verurteilte unterbreitete mir in wohlgesetzten Worten folgendes:

"Sie waren doch am Montag auch dabei, als ich freigesprochen worden bin, und ich sage Ihnen ganz ehrlich, diese Tat habe ich begangen. Heute hat der selbe Richter mich verurteilt und ich schwöre Ihnen, Herr Rechtsanwalt, mit dieser Sache habe ich wirklich nichts zu tun." Dann kam der wunderbare Satz: "Und ich frage Sie, finden Sie das nicht irgendwie gerecht?" Ich gab ihm spontan die Hand und sagte: "Ich heiße Bernd."

Seit dieser Zeit bin ich mit Meyer per Du. Ob man es mir glaubt oder nicht, ab diesem Zeitpunkt hat der Mann nach Verbüßung seiner letzten Strafe keine weiteren Straftaten mehr begangen, mit Erfolg einen Beruf erlernt und sorgt für seine Familie. Und wenn er nicht gestorben ist, dann tut er dies heute noch.

• • •

Was ist Gerechtigkeit? Klingt da nicht die alte Pilatusfrage nach der Wahrheit an? Ist nicht die Wahrheit die Grundlage der Gerechtigkeit, weil erst ein zutreffender ermittelter Sachverhalt die korrekte Anwendung der Rechtsprinzipien ermöglicht (der Fall Meyer zeigt ja gerade das Gegenteil)? Verabschieden wir uns von dieser Fragestellung, weil sie eine zutreffende, allgemeingültige Antwort nicht zulässt und in unserem Falle auch nicht erfordert.

Fragen wir davon losgelöst nach dem Wesen der Gerechtigkeit. "Gerechtigkeit ist Gleichheit" lässt uns durch die Jahrtausende Aristoteles als höchste philosophische Autorität wissen. Es ist richtig verstanden, jedoch keineswegs eine fantasielose Gleichbehandlung aller ähnlichen Sachverhalte, sondern bedeutet, dass nur Gleiches gleich behandelt werden muss und darf. Unser Verfassungsgericht hat in mehreren Entscheidungen den monumentalen Satz, in kleinere Münze verrechtlicht, festgehalten: "Aber welche Art von Gerechtigkeit ist gemeint?"

Es gibt in der Heiligen Schrift, diesen neben der griechischen Mythologie unerschöpflichen Steinbruch von Lebensweisheiten des Abendlandes, ein Gleichnis, das ich als junger Mensch nie begriffen und für ein Paradigma von Ungerechtigkeit gehalten habe. Der tiefere Sinn dieses Gleichnisses, der unsere Frage nach der Gerechtigkeit beantworten dürfte, ist mir erst in meiner Tätigkeit als Strafverteidiger und dort verhältnismäßig spät aufgegangen. Es ist das Gleichnis von den Arbeitern im Weinberg:

Da melden sich, wie es sich gehört, Arbeitswillige um acht Uhr morgens beim Gutsherrn, um den ganzen Tag ihrer Arbeit nachzugehen und im Weinberg zu stehen. Da kommen Andere um neun, um zehn, um elf hinzu, manche melden sich um zwölf und beginnen ihre Tätigkeit "in der Mittagsglut des Tages" und verdienen so, um ein ganz altes Wort zu bemühen, "ihr Brot im Schweiße ihres Angesichts". Andere kommen in Abständen den ganzen Nachmittag über hinzu und einer meldet sich in der letzten Stunde von 17 bis 18 Uhr zur Arbeit. Als es an die Entlohnung geht, gibt "der Herr jedem den gleichen Lohn". Ist das Gerechtigkeit, ist das die Gleichheit des Aristoteles und unseres Verfassungsgerichts? Ja, sie ist es, und sie ist vor allem die erfahrene Gerechtigkeit eines einfachen Mannes namens Meyer.

Gerechtigkeit ist ein qualitativer, kein quantitativer Begriff. Das Entscheidende ist, dass sich jemand "vom Herrn gerufen" in den Weinberg stellt und arbeitet. Auf die darin verbrachte Zeit kommt es nicht an. Es ist das "Herr hier bin ich, ich will arbeiten!", was alle im Weinberg gleich macht.

Und so kommt auch ein kleiner, anscheinend unverbesserlicher Dieb kurz vor Toresschluss und begreift Gerechtigkeit, im Übrigen eine auf völlig falschen Sachverhalten beruhende, die er aber trotz dieser Fehlerhaftigkeit und vielleicht gerade wegen dieser Unvollkommenheit als die ihm zukommende Gerechtigkeit erfährt und annimmt und daraus die Kraft für ein neues, anderes Leben gewinnt.

Menschenwürde

Wenn es zutrifft, dass eine Gesellschaft gerade so viel wert ist, wie sie sich um ihre Randgruppen kümmert, dann ist es mit uns nicht besonders gut bestellt. Ist die Bereitschaft bei uns hoch entwickelt, kranken Menschen, in dem Bewusstsein selbst einmal diese Hilfe zu benötigen, alles erdenkliche an medizinischem Fortschritt zur Verfügung zu stellen, so endet diese meist dort, wo es nicht um körperliche Gebrechen, sondern um geistige Krankheiten geht. Auch in unserer aufgeklärten Gesellschaft, falls es diese überhaupt gibt, was ich nach wie vor bezweifle, gelten diese Krankheiten als tabuisiert und gewinnen nur mühsam allmählich den Status einer auch gesellschaftlich anerkannten Krankheit.

Ist es schon schwierig, die psychisch Kranken im gesellschaftlichen Alltag angemessen zu verankern, so ist dies fast gänzlich unmöglich bei denen, die es aufgrund einer Straftat, die sie im Zustand der Schuldunfähigkeit oder der verminderten Schuldfähigkeit begangen haben, in die forensischen Abteilungen der Nervenheilanstalten verschlagen hat.

Mag schon ein Gefängnisbesuch auch für den routinierten Strafverteidiger im Grunde von der menschlichen Seite her immer ein schwieriger und oft bedrückender Gang sein, so empfinde ich persönlich die Besuche in einer forensischen Abteilung einer Heilanstalt wesentlich bedrückender. Ich gehe lieber beruflich zehn Mal ins Gefängnis, als einmal eines dieser armen Geschöpfe in den entsprechenden Einrichtungen aufzusuchen.

Nun bringt es natürlich die Tätigkeit als Strafverteidiger mit sich, dass diese Wege oft unvermeidbar sind. Ich habe sehr viele Besuche absolviert und dabei Unglaubliches erlebt, viel Tröstendes, manch Bedrückendes, einmal etwas ausgesprochen Gefährliches. Aber ich habe in der Regel Menschen vorgefunden, die mich nach einer näheren Beschäftigung manchmal mit dem Gefühl entließen, darüber nachzudenken, wo eigentlich die Welt normal und wo sie verrückt ist, ob dies drinnen oder draußen der Fall ist und ob wir nicht alle gut daran tun, uns jeden Tag klar zu machen, dass der Einbruch des Irrationalen in unsere so gesunde eigene Person unmittelbar bevorstehen kann.

Als ich eines Tages wieder einmal die Heilanstalt aufsuchte und durch die langen Gänge ging, um in das Besuchszimmer zu gelangen und den üblichen Begrüßungsritualen der Insassen ausgesetzt war (mir wurde dabei die Frage gestellt: "Sind Sie Richter?" und ich gab immer die Antwort: "Viel schlimmer, ich bin Anwalt") oder von bereits vertretenen Personen angegangen wurde, wie denn ihr Fall stünde, hat mich ein Insasse, der mit unserer Kanzlei weder damals noch später etwas zu tun hatte, zunächst erschreckt und dann verblüfft. Er stürzte auf mich zu, hielt kurz vor mir an und sagte dann, mich mit hektischen Bewegungen von Kopf bis Fuß mit beiden Händen abtatschend - ich kann es nicht anders ausdrücken - , nur einen Satz: "Ja, es stimmt, die Würde des Menschen ist untastbar!"

Ich war innerlich zunächst geneigt, über diesen Satz zu schmunzeln. Als ich an diesem Tag ins heimische Gericht zur Absolvierung eines weiteren Termins zurückgekehrt war und mir der Landgerichtspräsident auf dem Gang begegnete, habe ich das gleiche Spiel an ihm ausprobiert. Der mehr als erstaunte Präsident fragte: "Was ist denn heute mit Ihnen los?" Ich erklärte ihm: "Ja, es stimmt auch bei Landgerichtspräsidenten, die Würde des Menschen ist untastbar." Als ich ihn dann informierte, wie es zu diesem Auftritt ihm gegenüber gekommen war, wurden wir beide sehr nachdenklich und haben auch später manches Gespräch, ausgehend von diesem Geschehnis, über die sich daran knüpfenden Fragen geführt.

Die Würde des Menschen ist vielleicht deshalb oft nicht unantastbar, weil sie schon nicht tastbar ist, weil wir nicht streng und klar definieren, was die Würde des Menschen beinhaltet und wo staatlichen Organen Einhalt zu gebieten ist, die in einer angeblichen Lebensvorsorge für alle die Menschenwürde des Einzelnen, angeblich höherer Interessen wegen, wenn nicht mit Füßen treten, so doch völlig vernachlässigen.

Unser Mann in der Heilanstalt hat also im Grunde den Anstoß zum Nachdenken darüber gegeben, ob nicht die Unantastbarkeit der Menschenwürde vor allem dann erst gewährleistet ist, wenn wir uns zunächst einmal klar machen, was Menschenwürde im demokratischen Staat zu bedeuten hat. Und wenn wir sie damit so tastbar gemacht haben, wird es uns allen vielleicht leichter fallen, diesen Kernbereich endlich wirklich unantastbar zu lassen.

Armin Hott

Die Erlaubnis des Oberlandesgerichts

Vor etlichen Jahren, die Geschichte liegt lange zurück, hatte ein Kollege vor dem Landgericht in Kaiserslautern einen Auftritt, um den ich ihn nach wie vor beneide. Ich halte sein damaliges Verhalten für so geistesgegenwärtig und reaktionsschnell, dass er für diesen Auftritt anhaltende Bewunderung aller Kollegen verdient und ihm ist dies wohl auch oft mitgeteilt worden.

Es war in den noch nicht aufgeklärten Zeiten, als es Vorsitzende gab, die mit Strenge darauf achteten, dass der Anwalt in "angemessener Amtstracht" vor ihnen auftrat, was hinsichtlich der Robe ja überhaupt keine Schwierigkeiten machte. Aber es war eine gewisse Schlampigkeit schon zu dieser Zeit eingerissen. Manche trugen die blütend weiße Krawatte nicht, sondern begnügten sich mit einer Krawatte des üblichen Zuschnitts und der üblichen Farben.

Da gab es Vorsitzende, denen dies überhaupt nicht auffiel, es war wohl die Mehrzahl. Und neben Vorsitzenden, die eine solche unkorrekte Bekleidung mit sanftem Tadel oder Spott belegten, gab es eine kleine Gruppe von Hardlinern, die strikt darauf bestanden, dass vor ihrem Spruchkörper in vollkommen ordnungsgemäßer Kleidung aufgetreten werden musste. In einem mir bekannten Fall in Frankenthal ging dies so weit, dass der dortige Vorsitzende einem Anwalt die Pflichtverteidigung entzog, weil dieser nach seiner Auffassung nicht ordnungsgemäß gekleidet war, was dann allerdings lobenswerterweise das Pfälzische Oberlandesgericht wieder in Ordnung gebracht hat.

Der Protagonist auf dem Richterstuhl unserer Geschichte gehörte zur letzten Gruppe, bestand also unerbittlich auf der Einhaltung der Bekleidungsregeln und unser bewundernswerter Kollege trat vor diesem Spruchkörper mit einer knallroten Krawatte auf. Er hatte kaum den Sitzungssaal betreten, als der Vorsitzende ihn anherrschte: "Herr Rechtsanwalt, wie kommen Sie mir denn vor, Sie können doch nicht mit einer roten Krawatte hier auftreten, Sie wissen doch, wie die Kleiderregeln sind, wir bestehen auf einer weißen Krawatte. Es ist gerade zu unmöglich, wie Sie sich hier benehmen."

Der Kollege behielt die Ruhe, sah den Vorsitzenden an und sagte ganz bedächtig: "Herr Vorsitzender, das Tragen dieser Krawatte hat mir gestern das Oberlandesgericht in Zweibrücken ausdrücklich erlaubt."

Verwundertes Schweigen bei dem Vorsitzenden, der sich dann aufschwang und sagte: "Wie kommt das, wie kann Ihnen das Oberlandesgericht dies erlaubt haben?" Und jetzt die Antwort des Kollegen erntete: "Herr Vorsitzender, ich war gestern vor dem Strafsenat in Zweibrücken mit dieser Krawatte und der Senatspräsident hat gesagt: Herr Rechtsanwalt, des kennen Sie in Lautre mache."

Weitere Einwände gab es durch den Vorsitzenden nicht mehr, der trotz seiner strengen Art diese Schlagfertigkeit nur mit einem herzhaften Lachen quittieren konnte.

• • •

Die Amtstracht war in vergangenen Zeiten immer wieder Anlass von Streitigkeiten zwischen Richtern und Anwälten. Teils nahmen diese Auseinandersetzungen humorvollen Charakter an, teils aber wurden sie mit einem Bierernst geführt, der der Sache wirklich nicht angemessen war.

Nun bin ich der Letzte, der nicht einsieht, dass ein Anwalt vor einem Gericht angemessen gekleidet aufzutreten hat. Was man in postmodernen Zeiten in diesem Bereich alles erleben muss, ist der Würde unseres Standes nicht immer angemessen. Dies bleibt allerdings nicht auf die Anwaltschaft beschränkt. Ich kenne Staatsanwälte und Richter, bei denen ich erst richtig begriffen habe, warum es die Robe eigentlich gibt, nämlich um den erbarmungswürdigen Bekleidungszustand dieser Herren gnädig zuzudecken.

Die Robe hat den Zweck, dem Publikum klarzumachen, wer zu den agierenden Personen vor Gericht gehört. Sie ist das "Trikot" der auf dem Spielfeld des Rechts stehenden Profis. Der Vater Friedrichs des Großen, der Soldatenkönig, hat in seine berühmte Anordnung für die Anwälte hineingeschrieben: "Die Advokaten haben lange schwarze wollene Mäntel zu tragen, damit man die Spitzbuben von Weitem erkenne!" Dem ist auch heute nichts hinzuzufügen.

Lumumbas Neffe

Einer der Fälle, an die ich mich besonders intensiv und gerne erinnere, betrifft eine Sache, in der ich persönlich in der Hauptverhandlung überhaupt nicht tätig war. Dass dies damals nicht der Fall war, ärgert mich heute noch, weil bei meiner Anwesenheit vielleicht das, was in der Sitzung geschehen ist, sich in einem Antrag niedergeschlagen hätte und der pfälzischen Justiz dann auch schriftlich dieses Geschehen für immer überliefert worden wäre.

Wir hatten damals die Vertretung eines Mannes übernommen, der aus dem Kongo stammte und mir beim ersten Gespräch erklärt hatte, er sei mit dem ehemaligen kongolesischen Politiker Lumumba verwandt, er sei dessen Neffe. Ohne dass ich diese Behauptung hatte überprüfen können, war ich geneigt durch Augenschein dem Mandanten zu glauben, weil man mit ihm von seiner äußeren Erscheinung her jeden afrikanischen Staatspräsidenten der besseren Sorte hätte doubeln können. Er strahlte eine gelassene Vornehmheit aus und war von der Sorte Mensch, die eine Bank nur zu betreten brauchen, um ohne weitere Umschweife einen Kredit in beliebiger Höhe ausgehändigt zu bekommen.

Der Fall, der von ihm geschildert wurde, war an sich sehr einfach gelagert, hatte aber strafrechtliche Konsequenzen, die in keinem Verhältnis zu dem tatsächlichen Geschehen standen. Das ist oft der Fall, wenn zwar dogmatisch der Tatbestand erfüllt ist, der Lebenssachverhalt aber in einer Weise von der Sanktion, die das Gesetz vorsieht, abweicht, so dass diese Diskrepanz entsteht.

Der Mandant, der auf Sozialhilfe angewiesen war, hatte von dem für ihn zuständigen Amt ein Fahrrad zugewiesen bekommen, das ihm durch Diebstahl abhanden gekommen war. Er hat sich dann, wohl die Wege der deutschen Bürokratie unterschätzend, zu dem für ihn zuständigen Amt begeben, um den Antrag zu stellen, ein anderes Fahrrad zugeteilt zu bekommen. Das stieß auf erhebliche Schwierigkeiten, weil eine Fülle von Formularen von ihm zu bewältigen war und er in seiner staatsmännlichen Grandezza nicht geneigt war, den Anforderungen der Bürokratie in dieser Form zu genügen. Vielmehr war er der Auffassung, man müsse ihm ohne weitere größere Nachforschungen ein neues Rad zuteilen, auf das er, insoweit hatte er die deutsche Mentalität bereits angenommen, einen Anspruch habe.

Armin Hott

Als der Mann zum dritten oder vierten Mal auf dem Amt vorsprach und erneut auf bürokratischen Beton stieß, platzte ihm im wahrsten Sinne des Wortes, der Kragen. Er verließ das Amtszimmer mit den Worten, er werde jetzt zur Selbsthilfe greifen. Beim Weggehen nahm er sich das nächstbeste Rad, das vor dem Amtssitz stand, schwang sich darauf und fuhr von dannen. Es handelte sich um das Rad des Amtsvorstehers, der aus dem Fenster den Diebstahl sah, dem Dieb sofort nachsetzte und ihn stellte.

Unser Staatsmanns-Double, in Unkenntnis der dogmatischen Feinheiten des deutschen Strafgesetzbuches, überließ nun dem Amtsvorsteher dessen Rad nicht ohne Weiteres, sondern setzte sich in der Form zur Wehr, dass er es am Lenker noch eine Weile festhielt. Es kam zu einem Kampf zwischen den beiden um das Fahrrad, den der Amtsvorsteher siegreich beendete.

Das Ganze landete dann im Gerichtssaal unter der Überschrift "Räuberischer Diebstahl". Es fiel mir schon sehr schwer, dem Mandanten zu erklären, warum hier das Wort "Raub" benötigt wurde, um den Sachverhalt strafrechtlich zu umschreiben. Klar war, dass bei dieser Fallgestaltung unter Umständen eine Einstellung des Verfahrens durchaus möglich sein würde.

Am Terminstag war ich leider nicht in der Lage, die Sache selbst zu übernehmen, sondern bat eine bei mir tätige Rechtsanwältin, die nichts mehr hasste, als in Strafsachen gehen zu müssen, mich zu vertreten. Sie war eine ausgewiesene Zivilrechtlerin. Bei einer anderen Vertretung in einer großen Strafsache hatte sie mir einmal unmissverständlich bedeutet, dass sie für ihr Gehalt lieber die Toilette putzen würde, als sich noch einmal zu einer großen Strafkammer zu begeben, um einen Fall zu betreuen.

Ich hatte die Kollegin in Kenntnis der Eigenart des Vorsitzenden Richters, meines alten Referendar-Kollegens Rudolf Karner, darauf aufmerksam gemacht, dass dieser zu flapsigen Bemerkungen neige und sie nicht Ablehnungsanträge stellen sollte, wenn sie das Gefühl haben müsste, der Richter sei voreingenommen.

Die Ergebnisse, die mit diesem Richter zu erzielen waren, waren in der Regel für den Verteidiger durchaus erträglich. Entgegen seinen wilden Äußerungen während der Verhandlung war er in seinen Urteilen maßvoll und gerecht. Im Wissen um sein Naturell habe ich auswärtige Kollegen oft davon abgehalten, entsprechende Anträge zu stellen. Im Ergebnis waren diese dann auch meist mit dem Richter zufrieden.

Eine der Wesensarten dieses Richters war ein tiefgründiger Humor, der am besten durch eine kleine Anekdote illustriert werden soll. In einem Fall hatte dieser Richter einmal einem Angeklagten, der dem Alkohol über das übliche pfälzische Maß hinaus ("Fröhliche Pfalz, Flasche am Hals") zugetan war, ins Gewissen geredet und sich zu dem Satz aufgeschwungen: "Lassen Sie doch die verdammte Sauferei, die führt Sie nur ins Elend!" Eine Bemerkung, der ich mich als Verteidiger damals nur anschließen konnte.

Was dann aber der Mandant entgegnete, war so hinreißend, dass ich ihm später sagte, diese Bemerkung habe ihm mit Sicherheit ein halbes Jahr weniger eingetragen. Der Angeklagte sah nämlich den Richter, ich kann es nicht anders beschreiben, geradezu milde an und sagte: "Herr Richter, Sie hän Ihr rote Bäckelscher ach net nur vum Wasser trinke." Diese Bemerkung löste bei ihm einen Lachanfall aus und legte über die damalige Verhandlung das sonnige Licht des Humors bis zu einem erträglichen Ende.

Aber zurück zu unserem afrikanischen "Staatspräsidenten". Als meine Kollegin, mit meinen guten Ratschlägen versehen, aus der Sitzung zurückkehrte, kochte sie vor Wut. Sie war außer sich und schimpfte vor sich hin, bis ich sie fragte, was denn aus der Sache geworden sei. Sie antwortete beinahe beiläufig, die Angelegenheit sei nach § 153 a StPO gegen Zahlung einer geringen Geldbuße eingestellt worden. Auf meine Äußerung, damit sei ja das Ergebnis besser, als ich es erwartet hätte und ich verstünde ihren heiligen Zorn nicht, entgegnete sie mir fassungslos: "Das Ergebnis, Chef, ist in Ordnung. Aber was der Richter in dieser Sache gesagt hat, das empört mich noch jetzt."

Nach längerem Hin und Her war sie dann in der Lage, die entscheidende Passage dieser Sitzung zu schildern. Im Verlauf der Verhandlung hatte Richter Karner die Kollegin und den Angeklagten nach vorne gebeten, um die Einsichtnahme irgendeines Aktenteiles vorzunehmen, als er sich geradezu - so die Schilderung der Kollegin - verschwörerisch zu ihr wandte und sagte: "Frau Rechtsanwältin, was glauben Sie, wo Ihr Mandant in Afrika bei dieser Sachlage gelandet wäre? Im Kochtopf!"

Eine geniale Äußerung, die der juristischen Nachwelt in Form eines Ablehnungsgesuchs und der sich daran anschließenden Entscheidung hätte unbedingt schriftlich überliefert werden müssen. Mein ursprünglicher Rat, keine Ablehnungsgesuche gegen diesen Richter zu stellen, egal, was er von sich gebe, hat in diesem Fall zum Verlust dieses rhetorischen Juwels geführt, das nun wenigstens in dieser Schilderung überliefert werden soll.

Ich stelle mir noch heute die Begründung des Beschlusses vor, den der dann mit der Sache befasste Richter unter Umständen zur Rettung der Angelegenheit und zum Beibehalten dieses Vorsitzenden in der Sitzung angeführt hätte: "In Kenntnis der ausgesprochenen Vorliebe von Herrn Richter Rudolf Karner für kulinarische Besonderheiten ist die Bemühung des Wortes 'Kochtopf' nicht als abwertend zu qualifizieren, sondern ein Ausdruck seiner besonderen Vorlieben, so dass Ablehnungsgründe nicht ersichtlich sind."

Leider ist diese Begründung nie geschrieben worden, weil kein Ablehnungsgesuch dazu gezwungen hat. Ich hoffe, dass Lumumbas Neffe dann auf legalem Weg doch noch zu seinem Rad gekommen ist. Wir haben jedenfalls strafrechtlich nichts Nachteiliges mehr von ihm gehört.

Der Veteran

In den fünfziger und sechziger Jahren des letzten Jahrhunderts wäre es undenkbar gewesen, einen Arzt wegen irgendwelcher lächerlicher Gebührenschindereien oder gar Betrügereien anzuzeigen und ihn ernsthaft zu verfolgen. Denn die Arzt- und allgemeine Fachleute-Gläubigkeit war in diesen Zeiten noch hoch entwickelt und bezog sich, wie ich aus Erzählungen noch älterer Kollegen weiß, nicht nur auf die Ärzte, auch die Anwaltschaft profitierte von dieser allgemeinen Haltung der Bevölkerung.

Nun ist ja jeder Berufsstand, wie Georg Bernard Shaw einmal treffend festgestellt hat, eine Verschwörung gegen die Laien. Erst die aufgeklärteren Zeiten haben es mit sich gebracht, dass das heilungs- oder rechtsuchende Publikum überhaupt auf den Gedanken hat kommen können, es könnten auch Fehler und Unregelmäßigkeiten in diesen Bereichen begangen werden. Beide Berufsstände, vor allem aber zunächst die Ärzte, wurden aus dem Bereich des geschützten Schamanentums herausgenommen und undankbarer Weise wie gewöhnliche Sterbliche auch vor dem Strafrecht behandelt.

Dass dies bei den Ärzten dann zu einer Art Hexenjagd ausgeartet ist, ist eine, wie ich meine, typisch deutsche Haltung. Jedenfalls waren die Ärzte im Focus der Strafverfolger und es wurde populär (Strafrecht ist im Grunde immer angewandte Politik) die Ärzte zu verfolgen, die von Halbgöttern in Weiß plötzlich zu gewöhnlichen Straftätern mutierten. Es gab eine richtige Verfolgungswelle, die natürlich auch in unsere Kanzlei schwappte, und es war eine Vielzahl von Verfahren zu bewältigen, die Abrechnungsbetrügereien, so hieß dann das Delikt in der Presse, zum Gegenstand hatten.

Arztverfolgung war plötzlich schick geworden. Da sich die Ärzte aus den öffentlichen Kassen bedienten, war natürlich auch ein Bedürfnis der Öffentlichkeit gegeben, die schwarzen Schafe in den weißen Kitteln zu eliminieren oder wenigstens so zu bestrafen, dass künftig von ihnen Unregelmäßigkeiten nicht mehr zu erwarten waren. Dabei kam es beweismäßig zu bizarren Situationen, wenn sich nämlich Patienten Jahre später erinnern sollten, ob der Arzt irgendeine Behandlung bei ihnen vorgenommen habe oder ob diese nur auf dem Papier den Krankenkassen gegenüber abgerechnet worden war.

Dies führte bis zu Nachforschungen, ob gewisse Handreichungen des Arztes ausgeführt worden waren und ähnliches. Jedenfalls ergab sich in den meisten Fällen ein völlig disparates Bild und vor allem wenn es um ältere Zeugen ging, die nach so langer Zeit auch gewissen Verfälschungen der Erinnerung eher unterlagen als Jüngere, kam es zu Aussagen, die nicht immer gerichtsfest waren.

Einer dieser verhältnismäßig umfangreichen und aufwendigen Fälle fand vor der großen Strafkammer des Landgerichts in Frankenthal statt. Man hatte auf der Strafverfolgungsseite eine eigene Abteilung eingerichtet, die sich mit Inbrunst der Arztverfolgung widmete. In dem folgenden Fall vertrat eine Staatsanwältin die Anklage, die sich durch besonderen Verfolgungseifer schon immer ausgezeichnet hatte, die später auch dem organisierten Verbrechen zu Leibe rücken sollte, und die von einer berufsmäßigen Hartnäckigkeit war, der ich meinen Respekt nicht versagen konnte. Sie war als Gegnerin genauso unangenehm, wie sie als Person nett war.

Im Laufe dieses Prozesses kam es zur Vernehmung eines 72 Jahre alten Herrn, der schon bei den Ermittlern der Polizei und dann bei einer Nachvernehmung durch die Staatsanwaltschaft behauptet hatte, der von mir vertretene Arzt habe ihm bzw. seiner Kasse eine Ultraschalluntersuchung in Rechnung gestellt, die niemals stattgefunden habe. Er war der erste Zeuge in diesem Verfahren. Da die übrigen Fälle sehr ähnlich lagen, also im Wesentlichen auf der Erinnerung von Zeugen beruhend Abrechnungsbetrügereien aufdecken sollten, war es sehr wesentlich, bei diesem Mann exemplarisch vorzuführen, dass nach so einer langen Zeit derartige Details zu wissen wohl eher unwahrscheinlich sein würde.

Es war also ausgesprochen bedeutungsvoll, dass gerade bei diesem ersten Zeugen unsere Rechnung, in diese Richtung erhebliche Zweifel zu säen, aufgehen würde.

Der Mann erschien im Zeugenstand. Er wurde auf seine Wahrheitspflicht hingewiesen und wiederholte fast wörtlich die in den Akten befindliche Aussage. Durch nichts in der Welt war er davon abzubringen, dass er genau wisse, dass damals - und es lag ein Zeitraum von immerhin fünf Jahren zwischen dem Untersuchungstag und der Hauptverhandlung - eine Ultraschalluntersuchung, wie sie abgerechnet worden sei, nicht stattgefunden habe.

Nun gilt die Grundregel, dass ein Strafverteidiger, wenn der Zeuge so klar negative Aussagen in so bestimmter Form macht, nicht noch nachfragt, weil er dann immer wieder eine Verstärkung des für den Mandanten ungünstigen Standpunkts erntet und sich der schlechte Eindruck beweismäßig zementiert.

Das Gericht, vor allem dessen Vorsitzender, der mich aus der Landauer Zeit schon über zwei Jahrzehnte kannte, war deshalb mehr als verwundert, als ich bei dieser klaren Sachlage zwei Mal nachfragte, ob es nicht doch möglich sein könnte, dass er aufgrund seines Alters (ich wies darauf hin, dass ich auch nicht mehr der Jüngste sei) irgendwelchen Verfälschungen des Gedächtnisses unterliegen könnte.

Bei dem Zeugen stieß, wie von allen erwartet, meine Frage natürlich auf massiven Widerstand und der Mann versicherte, das beste Gedächtnis der Welt zu haben, und die Sache verhalte sich genau so, wie er sie dargestellt habe.

Grenzenloses Verwundern aber war beim Spruchkörper zu bemerken, als ich bei diesem Zeugen ausdrücklich auf einer Vereidigung bestand. Der Vorsitzende fragte mich zweimal (er fürchtete wohl um meinen strafrechtlichen Verstand), ob dies wirklich mein Ernst sei. Ich wiederholte, dass ich aus gewissen Gründen hier auf der Vereidigung bestehen müsse.

Ich muss zugeben, dass ich zu diesem Zeitpunkt einen Plan verfolgte, den weder der Zeuge noch das Gericht, noch die Staatsanwaltschaft wissen konnte, und der schon am Vortag eingefädelt worden war. In Vorbereitung des Termins hatte ich meinen Mandanten gebeten, einmal in seinem Archiv nachzusehen, ob er nicht doch noch diese Ultraschallaufnahme auffinden könnte.

Der Mandant meinte zunächst, es sei unmöglich, aus der Vielzahl der archivierten Aufnahmen so schnell eine herauszufinden. Er wisse aber, dass diese Aufnahme gemacht worden sei. Hatte er mir noch nachmittags gegen 14.30 Uhr die Unmöglichkeit dieser Aufgabe klarzumachen versucht, rief er mich kurz vor 17 Uhr am Vortag der Sitzung an und Triumph lag in seiner Stimme. Man habe nach langem Suchen die Aufnahme gefunden, sie sei datumsmäßig und auch namensmäßig belegt, und jetzt erinnere er sich daran, dass diese Aufnahme deshalb eine Besonderheit aufweise, weil man damals das linke Knie des Zeugen geröntgt und sich in diesem ein Granatsplitter befunden habe und wohl jetzt auch noch vorhanden sein müsse. Dieser Splitter sei in einer Form, wie er sich ausdrückte, "so schön verkapselt gewesen", dass er dies damals, er erinnere sich jetzt ganz genau, seinem Assistenten als ein Musterbeispiel einer gelungenen Verkapselung vorgeführt habe.

In meiner Jackentasche befand sich also zu dem Zeitpunkt, als ich gegen jede fachliche Erfahrung auf Vereidigung bestand, diese Aufnahme, die alles aufklären würde. Ich muss weiter beichten, dass ich am Vortag einen der mir heute noch als hinreissend vorkommenden Columbo-Kriminalfilme gesehen hatte, deren Hauptreiz ja darin liegt, dass der Hauptdarsteller beim Weggehen eigentlich die entscheidende Frage zu stellen beliebt: "Halt, da fällt mir noch was ein". Diese Situation im Gedächtnis ließ mich dann im Gerichtssaal entsprechend handeln.

Als der Richter den Zeugen aufforderte, den Eid zu leisten und ihn schon belehrt und die Eidesformel vorgesprochen hatte, schaltete ich mich plötzlich ein und sagte: "Halt, da fällt mir noch was ein". So verhinderte ich die Vereidigung, die ich natürlich nie im Sinne hatte, weil ich den Zeugen nicht sehenden Auges in einen Meineid rennen lassen wollte. Als der Richter schon erleichtert fragte: "Wollen Sie die Vereidigung jetzt doch nicht?", antwortete ich: "Ich habe noch eine Frage an den Zeugen: Sagen Sie mal, waren Sie im Zweiten Weltkrieg?"

Der Zeuge herrschte mich an: "Ich werde Ihnen das beantworten, wenn Sie mir sagen, in welchem Zusammenhang dies zu dem Fall steht." Auch der Richter bat mich, kurz zu erläutern, was ich mit dieser Frage bezwecke. Ich bat darum, man solle mir die Antwort erlassen, es würde sich sofort aufklären, was es mit der Frage auf sich habe. Der Richter forderte den Zeugen auf, die Frage zu beantworten. Und der sagte: "Ich war nicht nur im Zweiten Weltkrieg, sondern ich bin dort auch verwundet worden."

Ich fragte dann, ob er einen Granatsplitter im linken Knie habe. Völlig verwirrt und verwundert bejahte dies der Zeuge: "Ja, ich habe einen Granatsplitter im linken Knie." Ich zog das Bildmaterial aus der Tasche, ging zu dem Mann hin, legte es ihm auf seinen Zeugentisch und sagte, jedes Wort genießend: "Den haben Sie bestimmt schon lange nicht mehr gesehen."

Der Zeuge war am Ende. Ich legte die Aufnahme dem Gericht vor, auch das erzielte eine ungeheure Wirkung. Um das Ergebnis vorwegzunehmen: Von dieser Beweisaufnahme ausgehend entwickelte sich dann der Prozess im Fortgang über Tage in ähnlicher Weise und führte letztlich zu einer Einstellung des Verfahrens.

In dieser Situation der Hauptverhandlung erhob sich die Staatsanwältin, trat vor und sagte: "Herr Verteidiger, ich räume ein, dass dies ein beweismäßiger Volltreffer war. Es ist aber unglaublich geschmacklos gewesen, wie Sie diesen alten armen Zeugen hier vorgeführt haben!" Gespanntes Schweigen im Gerichtssaal. Ich trat vor das Pult der Staatsanwältin, verneigte mich leicht und sagte: "Gnädige Frau, glauben Sie denn, dass ich, wenn ich auch nur einen Funken Geschmack im Bauch hätte, Strafverteidiger geworden wäre?"

Von Jockeys, Pferden und den Luppertschen Formeln

Es wird oft darüber nachgedacht, welchen Einfluss ein Rechtsanwalt auf den Ausgang eines Prozesses hat und wie die Wahl des Anwalts einen Fall beeinflussen kann - ob wirklich überlegene Taktik zum Erfolg führt oder ob es vor allem an der Rechtslage oder dem Gericht liegt, wie sich eine Sache entwickelt. Ich will auf das vielfältige Geflecht dieser Dinge nicht eingehen, zumindest nicht in der notwendig seriösen Weise, weil hier ein Konglomerat von Ursachen und Wirkungen vorliegt, das zu durchschauen oder gar verständlich aufzulösen an dieser Stelle (ich befürchte an einer anderen ebenfalls) unmöglich sein dürfte.

Meine Erfahrung hat mich aber zu einem Vergleich geführt, der im Wesentlichen das benennt, was als Einfluss eines Anwalts auf den Ausgang eines Prozesses angesehen werden kann. Der Einfluss eines Anwalts auf den Ausgang eines Prozesses ist vergleichbar dem Einfluss eines Jockeys auf den Ausgang eines Pferderennens. Die Sach- und Rechtslage ist das Pferd.

Wenn ich das beste Pferd erwische, dann brauche ich als Jockey nicht gut reiten zu können, und wenn ich nicht herunterfalle, was einem ab und zu natürlich passieren kann, dann ist das Rennen nicht zu verlieren. Bekomme ich aber ein schlechtes Pferd, so kann ich alle Reitkünste der Welt entfalten, ich werde mit diesem Vieh nicht als Erster die Ziellinie erreichen können. Wenn ich einen guten Mittelfeldplatz (im Zivilrecht Vergleich, im Strafrecht Einstellung) erreiche, dann habe ich alles Anwaltsmögliche getan.

Diesen Vergleich runde ich mit dem Scherz ab, dass der Rennstallbesitzer in vorwurfsvollem Ton zu seinem Jockey nach Beendigung des Rennens sagt: "Sie hätten auch eher im Ziel sein können!" Und die Antwort bekommt: "Ich schon, aber ich musste bei dem Pferd bleiben."

Da es also das Schicksal des Anwalts ist, beim Pferd bleiben zu müssen, sich nach der Sach- und Rechtslage zu richten, können wir manchmal beim besten Willen nicht als Erster die Ziellinie überschreiten.

Es gibt Mandanten von mir, die - mit diesem Beispiel seit langen Jahren vertraut - die Kanzlei betreten und mir sagen: "Herr Rechtsanwalt, heute bringe ich Ihnen

einen guten Gaul", was bei mir immer die Äußerung auslöst: "Zunächst schauen wir ihm mal ins Maul."

Einer meiner Kollegen, der zu der Gruppe in diesem Buch gehört, deren Namen ich nennen möchte, mein Freund Dr. Dieter Luppert, hatte handfeste anwaltliche Grundsätze, die er als Pfälzer von Geblüt auch in sehr kernige Sätze zu kleiden wusste. Ich darf drei seiner Merksätze, die ich als Luppertsche Formeln bezeichnen will, zum Besten geben: 1. So dumm kann gar keiner sein, dass er nicht als Anwalt Geld verdient (ob das heute noch gilt, ist eine offene Frage). 2. Ein guter Mandant ist erst dann ein guter Mandant, wenn er lieber mit dir verliert, als mit einem anderen gewinnt. 3. Ein guter Ruf ist so lange noch kein echter guter Ruf, als er noch von Leistung abhängt. Diese Sätze sind schlicht und einfach, drücken aber, so lustig sie daherkommen, Wesentliches aus.

Ein echter guter Ruf ist erst dann gegeben, wenn er nicht mehr von Leistung abhängt, und ich will dabei ein Bild bemühen, das dies vielleicht in anderer Form zum Ausdruck bringt. Ich behaupte, dass bei Anwälten eine Sachlage wie in der Astronomie vorliegt, dass nämlich das Licht mancher Sterne noch zu einem Zeitpunkt das Publikum erreicht, als diese längst erloschen und in der Sprache der Astronomie zu schwarzen Löchern geworden sind.

Es gibt also, und ich will mich da nicht ausnehmen, Kollegen, deren Licht das Recht suchende Publikum noch zu einem Zeitpunkt erreicht, wenn die Kollegen längst zu schwarzen Löchern geworden sind. Wenn ich mich kritisch betrachte, so befinde ich mich wohl zur Zeit im Übergang zum astronomisch gesprochenen "roten Zwerg", was bei meiner Körpergröße und meiner Parteizugehörigkeit ein recht passendes Bild sein dürfte.

Was den zweiten Satz des verehrten Kollegen angeht, so ist Mandantentreue natürlich etwas, was das Herz des Anwalts wärmt. Es gibt in der Tat Mandanten, die (ihre Zahl ist allerdings gering) auch bei verlorenen Prozessen sehen, was der Anwalt eigentlich getan hat und dass es eben nicht reichen konnte, weil - um auf mein Beispiel zurückzugreifen - der Gaul eben nicht in der Lage war, als Erster die Ziellinie zu überschreiten. Aber die Reitkunst des Jockeys wird vom Mandanten durchaus gewürdigt. Dies sind dann die Mandanten, die in der Tat bei ihrem Anwalt bleiben, auch wenn er ab und zu verliert.

Was den ersten Satz vom Geldverdienen angeht, so ist dieser natürlich ausgesprochen selbstkritisch und berührt einen Teil unserer Profession, der auch sehr wichtig ist. Es ist doch so, dass ein Anwalt, der sich geschickt verkauft, jenseits seiner Sachkenntnis beim Publikum durchaus Erfolge erzielen kann, zumindest auf eine gewisse Zeit. Ein solider, grundehrlicher Arbeiter, der keine "Rampensau" ist, bemüht sich jahrelang, auf das Level des Kollegen zu kommen, den Schaumschläger zu nennen ich mich deshalb scheue, weil auch zur Erzeugung dieser Außenwirkung durchaus ein gehöriges Maß an Talent gehört. Diese Spezies hat wohl der Kollege gemeint, dem auch der Satz zu verdanken ist: "Es genügt nicht, schlau zu sein, die Anderen müssen es auch merken."

Auch dieser Kernsatz aus dem Arsenal des erfahrenen Freundes ist mir in Erinnerung geblieben und wird von mir gerne an meine Referendare, natürlich unter Nennung der Fundstelle, weitergegeben. Letztlich ist es auch der Rede wert, dass die Schriftsätze dieses Kollegen oft so abgefasst waren, dass man sich scheute, die Abschrift an den Mandanten weiterzuleiten. Denn man konnte sich vorstellen, dass dieser beim Lesen vor Wut schäumen würde.

Mich hat einmal ein Schriftsatz erreicht, wo er meinen Mandanten ultimativ aufforderte, bis zum 28. Dezember Unterhalt für die Kinder zu bezahlen und das Datum mit der Klammerbemerkung "Fest der unschuldigen Kinder" versah, was, nachdem ich nachgeforscht hatte, im Kirchenkalender tatsächlich der Fall ist. Derartige Scherze waren von ihm ständig zu gewärtigen und haben dem Profi Spaß gemacht, waren aber dem Mandanten nicht zu vermitteln.

Letztlich für ihn charakterisierend ist eine Geschichte, die ich beim besten Willen nicht unterdrücken kann. Sie hat sich beim Amtsgericht in Bad Bergzabern zugetragen. Dort ging während einer Verhandlung eine wesentlich jüngere Kollegin Dr. Luppert an (ich kleide es in ein Bild: wie ein Dackel einen Schäferhund) und würdigte in geradezu unverschämter Weise die schriftsätzlichen Leistungen des Kollegen vor dem Gericht herab. Ich saß neben ihm und hatte den Eindruck, er stehe kurz vor einem Schlaganfall. Denn er rührte sich überhaupt nicht und ließ trotz des voll besetzten Zuhörerraums die Kollegin sich gebärden. Er erweckte einen geradezu hilflosen Eindruck, was bei seinem Sinn für Außenwirkung höchst ungewöhnlich war, und ich fürchtete ernsthaft um seine Gesundheit.

Als die Kollegin auf dem Höhepunkt ihrer Tiraden war, holte er zum ultimativen Gegenschlag aus. Er schlug plötzlich mit der Hand auf das Pult und sagte: "Frau Kollegin, jetzt hören Sie aber endlich auf, ich bin doch mit Ihnen nicht verheiratet." Die Kollegin sank zusammen wie ein Soufflé, und die Szene wurde wieder von dem wirklich bemerkenswerten Kollegen Dr. Luppert beherrscht.

Die übereifrige Zeugin

Eines Tages, es ist schon sehr lange her, erschien ein Mann in der Kanzlei, der von mir in einer Betrugssache vertreten werden wollte. Nachdem ich mir die Akten geholt und sie eingesehen hatte, beeindruckte vor allem der in Strafakten meist auf der ersten Seite in einer Lasche befindliche Strafregisterauszug, der auswies, dass der Mandant nicht weniger als zwölf Mal wegen Betruges verurteilt worden war.

Angesichts dieser Vielzahl von Vorstrafen konnte ich mir nach Aktenlage für den Ausgang des jetzt zu bearbeitenden Falles keine großen Illusionen machen. Denn in dem in Neustadt an der Weinstraße spielenden Fall ging es darum, dass der routinierte Betrüger, anders ist er nun wirklich nicht zu bezeichnen, einer älteren Dame einen Scheck über 10.000 DM übergeben hatte um deren gebrauchtes Kraftfahrzeug zu erwerben. Er nahm den Wagen entgegen und fuhr davon. Als die Dame den Scheck einlösen wollte, war dieser, bei diesen Vorstrafen nicht überraschend, natürlich nicht gedeckt.

Die Folge war wieder eine Anklage wegen Betrugs. Als der Mandant mich aufsuchte, um den Akteninhalt mit mir zu besprechen, bedeutete ich ihm ohne Umschweife, dass wir ohne jede realistische Chance in Richtung eines Freispruchs seien, den er unbedingt anstreben wollte. Ich versuchte ihm klar zu machen, dass wohl auch mit einer Bewährungsstrafe angesichts der Fülle der Vorstrafen kaum zu rechnen sein dürfte, und wir sollten unser Augenmerk eben darauf richten, möglichst glimpflich davonzukommen.

Nun ist es notwendig (Juristen würden die Pointe des Falles ohne Weiteres verstehen) für Laien eine Vorbemerkung rechtlicher Natur zu machen. Unter den vielfältigen Tatbeständen des Strafgesetzbuches gehört der Betrug zu den dogmatisch schwierigsten. Denn dort wird gefordert, dass die so genannte Täuschungshandlung, dies wäre in unserem Fall die Hingabe des Schecks mit der darin liegenden faktischen Behauptung, dass dieser gedeckt sei, kausal, also ursächlich für die Vermögensverfügung der Geschädigten sein muss. Die ältere Dame musste bei der Entgegennahme des Schecks durch den Mandanten davon ausgehen, dass dieser Scheck gedeckt ist, und sie ihm im Vertrauen darauf das Auto überlassen hat.

Diese Systematik, die jeder Jurist verinnerlicht hat, und die zum objektiven Tatbestand des Betruges gehört, sollte in diesem Fall eine entscheidende Rolle spielen, was mir am Morgen des Verhandlungtages aber noch nicht bewusst war. Ich weiß noch, dass es an diesem Tag regnete. Als ich mit dem Angeklagten die Treppe zum Sitzungssaal des alten Amtsgerichts in Neustadt emporstieg, erwartete uns die Geschädigte, die als Hauptzeugin geladen war, am oberen Ende der Treppe und fuchtelte mit ihrem Schirm wild in der Gegend herum. Sie fauchte den Beschuldigten an: "Da kommt er ja, der Betrüger!"

Von diesem Auftritt nahm ich in den Gerichtssaal die Gewissheit mit, dass diese Zeugin - ganz gleich was ich sie fragen würde - kein gutes Haar an meinem Angeklagten lassen würde. In Kenntnis der Systematik des Betrugsparagrafen wollte ich mir dies zu Nutze machen.

Als die Reihe der Befragung an mir war, stellte ich nur eine Frage: "Frau Zeugin, was haben Sie sich eigentlich gedacht, als Ihnen der Angeklagte den Scheck übergab?" Sie antwortete: "Ich habe mir gleich gedacht, dass der Scheck nicht gedeckt ist!"

Staatsanwalt, Richterin und ich brachen in ein dogmatisch fundiertes Gelächter aus. Denn durch diese Antwort war die Kausalität, also der Zusammenhang zwischen der Täuschungshandlung und der Vermögensverfügung, zerstört, weil die Zeugin selbst angab, sie habe sich schon bei Hingabe des Schecks vorgestellt, dass sie betrogen werden sollte. In dieses Gelächter hinein schlug ich demonstrativ meine Akten zu und schaute in Richtung des Amtsanwalts, der - von der Situation hingerissen - aufstand und Freispruch beantragte.

Ich schloss mich in meinem kurzen Plädoyer natürlich diesem Antrag an. Heute noch weiß ich, dass ich nur einen Satz zur Begründung sagte: "Hohes Gericht, Gott sei Dank gibt es in unserem Strafgesetzbuch Tatbestände, die es auch dem routinierten Täter schwer machen, sie zu verwirklichen." Die Richterin, die mit mir Referendarin gewesen war, sprach dann ganz schnell ohne Beratungspause den Angeklagten frei.

Was übersehen worden und was durch meine Aktion, die Akten zu schließen und herausfordernd zum Staatsanwalt zu blicken, untergegangen war: Es wäre natürlich ein Betrugsversuch, wenn auch minder bestraft, übrig geblieben. Leider konnte ich es mir damals nicht verkneifen (heute wäre ich wesentlich weiser), beim Weggehen der Richterin unter der Tür zuzurufen: "Und wie ist es mit dem Versuch?"

Die Richterin nahm den Kommentar des Strafgesetzbuches in ihre Wurfhand, zeigte ihn mir drohend und rief mir (wir waren natürlich per Du) drohend nach: "Hau bloß ab!" Was ich dann auch schleunigst und ein wenig beschämt tat, weil ich an diesem Tag nun wahrlich nicht im Auftrage der Gerechtigkeit unterwegs gewesen bin.

Kleine Staatsbürgerkunde

Es gibt Fälle, in denen sich mir am meisten eingeprägt hat, was der Angeklagte sagte. Trotz der rechtlichen Besonderheiten, der Ausführungen des Staatsanwaltes, die unter Umständen besonders beeindruckt haben oder irgendwelcher sonstiger Vorfälle am Rande des Verfahrens. Manchmal ist die Hauptperson des Strafverfahrens, die der Angeklagte als Prozess-Subjekt in der Tat darstellt - auch was den "Unterhaltungswert" einer Sitzung ausmacht - wirklich der Hauptdarsteller.

Ich erinnere mich an einen Fall, der sich dadurch auszeichnete, dass der Angeklagte durch seine Äußerung das Highlight der gesamten Sitzung lieferte. Es handelte sich damals vor der Großen Strafkammer um eine Sache, die mir in ihren Einzelheiten schon deshalb völlig verschwommen in Erinnerung ist, weil sie sich im Grunde mit nur einer Äußerung festgesetzt hat. Daneben muss alles weitere im Nebel des Vergangenen bleiben.

Es ist mir nur noch erinnerlich, dass es aus irgendeinem Grunde darauf ankam, welche Staatsbürgerschaft der Angeklagte hatte, was völlig unklar war, und was an einem Tag der mehrtägigen Hauptverhandlung im Mittelpunkt des Interesses stand. Der Angeklagte, der darauf bestand, Franzose zu sein, während Staatsanwaltschaft und Gericht darauf beharrten, er sei deutscher Staatsangehöriger, hatte mehrfach darauf hingewiesen und verschiedene Beispiele angeführt, dass diese Auffassung des Gerichts unrichtig sein müsse. Er sei und bleibe Franzose. Dass er nicht begonnen hat die Marseillaise abzusingen, war eigentlich verwunderlich.

Auf dem Höhepunkt der Auseinandersetzung, die nicht lautstark, aber sehr intensiv geführt wurde, sagte der Vorsitzende ziemlich am Ende seiner Geduld: Sie sind doch unstreitig in Düsseldorf geboren!" Der Angeklagte ließ diesen Satz kurz auf sich wirken und erwiderte dann: "Herr Vorsitzender, meinen Sie denn wirklich, dass wenn eine Katze in einem Fischgeschäft Junge bekommt, diese dann Sprotten sind?!"

Die Erörterungen über die Staatsbürgerschaft waren damit für den Rest des Prozesses beendet.

Helmut und die stabilisierende Wirkung des 1. FCK

Einer der treuesten Wegbegleiter meiner Anwaltszeit war ein Mandant, den ich im Fortgang der Erzählung nur mit seinem Vornamen Helmut nennen will, und der den Rekord an Vorstrafen in meinem Büro hält, nämlich insgesamt 78. Helmut war ein dem Trunk verfallenes Geschöpf. Er beging deshalb ständig Straftaten, um sich Geld für die Befriedigung seiner Sucht zu beschaffen. Ab und zu nahm er Aushilfsdienste an und wechselte zwischen dem Gefängnis, der Entziehungsanstalt und kurzfristigen Perioden in Freiheit hin und her.

Er wurde einmal wegen Vollrauschs verurteilt, dann wieder wegen Diebstahls bei eingeschränkter Schuldfähigkeit. Manchmal, wenn er allzu betrunken war, stufte man ihn als völlig unzurechnungsfähig ein. Jedenfalls wusste zum Ende seiner strafrechtlichen Laufbahn kein Mensch mehr, wie man ihn einordnen sollte. Es gab zahlreiche Gutachten über ihn, die aber im Grunde zu keinem Ergebnis dergestalt führten, dass man für die Zukunft dieses Mannes irgendein "Drehbuch" hätte schreiben können. Dabei war er in seinen nüchternen Momenten ausgesprochen liebenswürdig und es war ihm selbst peinlich, dass er bei mir das Gefühl weckte, nicht mehr zu wissen, was mit ihm eigentlich anzufangen sei.

Ich hatte ihn letztmals vor etwa sechs Jahren vor dem Schöffengericht in Frankenthal wegen Diebstahls zu verteidigen. Er war kurzfristig in einer Tankstelle angestellt, entwendete dort aus dem Tresor Geld, um seinen täglichen Alkoholbedarf finanzieren zu können. Er war erst zwei oder drei Tage hier beschäftigt, als ihm sein Chef den Auftrag gab, Bierdosen, deren Verfallsdatum bereits überschritten war, zu entsorgen.

Leider nahm Helmut diesen Auftrag wörtlich und führte die Bierdosen nicht der Vernichtung zu, sondern übernahm die Beseitigung selbst, indem er 25 davon austrank. In diesem aufgelockerten Zustand nutzte er die Gelegenheit, um dem zufällig offen stehenden Tresor 100 DM zu entnehmen, obwohl hier unstreitig 1200 DM gelagert waren.

Während der Verhandlung (der Richter wusste auch wirklich nicht mehr, was er mit Helmut anfangen sollte) stellte der Vorsitzende ihm die naheliegende Frage, warum er, wenn er sich schon am Tresorinhalt vergriffen habe, nicht den gesamten Betrag herausgenommen, sondern sich mit lediglich 100 DM begnügt habe. Helmut sah den Richter erstaunt an und antwortete: "Können Sie denn an einem Abend mehr versaufen als 100 DM?" Damit stellte er klar, dass seine strafrechtlichen Ausflüge lediglich auf die naheliegende Befriedigung seines alkoholischen Bedürfnisses gerichtet waren und nicht etwa der Anhäufung von Reichtum dienen sollten. Im Übrigen kam er bei dieser Verhandlung sehr glimpflich davon.

Die entscheidende Geschichte aber, die über ihn zu erzählen ist, fand in der Strafvollstreckung statt. Helmut war ein begeisterter Anhänger des Fußball-Bundesligisten 1. FC Kaiserslautern. Aus diesem Grunde habe ich unter dem 2. Juni 1998 an das Landgericht in Zweibrücken im Rahmen einer Entscheidung in der Strafvollstreckung folgenden Schriftsatz gerichtet:

In der Strafvollstreckungssache gegen Helmut... überlassen wir die Akte zurück und dürfen auf folgendes hinweisen:

Herr Helmut ist vom Amtsgericht Zweibrücken am 5. Juni 1997 zu einer Haftstrafe von einem Jahr ohne Bewährung verurteilt worden und richtig ist, dass die dieser Verurteilung zugrunde liegenden Straftaten, beginnend im Februar 1996, innerhalb der im Bewährungsbeschluss des Urteils vom 12. April 1995 festgesetzten Bewährungszeit begangen worden sind, so dass formell ein Widerruf durchaus erfolgen kann.

In Kenntnis der Person von Herrn Helmut wissen die mit ihm befassten Personen, dass er eine sehr bewegte strafrechtliche Vergangenheit hinter sich hat. Es wäre sinnvoll, von einem Widerruf abzusehen, wenn es zu einer Verbüßung bis zum 24. Juni 1998, und danach sieht es aus, also bis zur völligen Verbüßung der im Urteil des AG Zweibrücken vom 5. Juni 1997 ausgesprochenen Strafe, kommen wird. Wir meinen, dass damit Genüge getan ist, und eine sich daran anschließende weitere Verbüßung nicht angebracht sein dürfte.

Es soll nicht vergessen werden, dass das jetzt zum Widerruf anstehende Urteil eine Rauschtat zum Gegenstand hatte und dass, so jedenfalls die Berichte aus der Haftanstalt, Herr Helmut offensichtlich gewillt ist, sich nach Pirmasens in eine Einrichtung des betreuten Wohnens zu begeben und damit erstmals etwas wie eine Lebensplanung durchzuschimmern scheint.

Angesichts seiner treuen Anhänglichkeit an den FCK, die geradezu manische Züge annimmt, ist vielleicht auch die Meisterschaft dieses Vereins geeignet, stabilisierend auf ihn einzuwirken, weil ich mir schlecht vorstellen kann, dass er sich bei seinem Fanatismus (der Unterzeichnete ist davon nicht weit entfernt) durch Straftaten die Möglichkeit verbauen wird, Champions League-Spiele auf dem Betzenberg zu sehen. Dies dürfte wohl das erste Mal in der pfälzischen Rechtsgeschichte sein, dass ein Verteidiger die stabilisierende Wirkung des 1. FCK in die Zukunftsprognose einzubauen bittet. gez. Lütz-Binder, Rechtsanwalt.

Der zuständige Richter des Landgerichts Zweibrücken zeigte Humor und beschied mit Beschluss vom 8. Juni1998 diesen Antrag wie folgt:

Die bewilligte Strafaussetzung zur Bewährung wird widerrufen. Das Gericht hat dabei den Ausführungen des Verfahrensbevollmächtigten gemäß Schreiben vom 2. Juni 1998 besondere Aufmerksamkeit gewidmet. Darin ist angesichts der treuen Anhänglichkeit des Mandanten an den FCK, die geradezu manische Züge annehme, zum Ausdruck gebracht, dass vielleicht auch die Meisterschaft dieses Vereins geeignet sein könnte, stabilisierend auf den Mandanten einzuwirken.

Die stabilisierende Wirkung des Sports auf weite Teile der Bevölkerung ist auch dem Gericht bekannt. Dies mag allerdings eher für den Aktiv- als für den Passivsportler gelten. Was Passivsportler anrichten können, ist hinreichend bekannt. So war vor längerer Zeit zu beklagen, dass im vereinseigenen Stadion "Betzenberg" des 1. FCK ein Zuschauer von nachdrängenden Fans an einem Wellenbrecher zu Tode gequetscht worden ist. Die Horrorszenen aus dem Brüsseler Heysel-Stadion anlässlich eines Europapokal-Endspiels sind via Fernsehen auch in deutsche Wohnstuben gelangt. Die stabilisierende Wirkung des Sports, insbesondere des Fußballsports, wird auch von der Sepp-Herberger-Stiftung aufgegriffen, deren Repräsentant Fritz Walter, Ehrenspielführer der deutschen Fußball-Nationalmannschaft, schon wiederholt durch Fußballspenden auch in der JVA Zweibrücken "Fußball hinter Gefängnismauern" möglich gemacht hat.

Die Auffassung der Verteidigung, eine sich - an die derzeitige Vollstreckung - anschließende Verbüßung sei nicht angebracht, vermag die Kammer nicht zu teilen. Grundlage für den Widerruf ist gem. § 56 f. Abs. 1 Nr. 1 StGB u.a., dass ein Verurteilter innerhalb der Bewährungszeit erneut eine oder mehrere Straftaten begeht und dadurch zeigt, dass die Erwartung, die der Strafaussetzung zugrunde lag, sich nicht erfüllt hat. Dies ist vorliegend der Fall.

Das Amtsgericht Landau hat Helmut am 12. April 1995 wegen Vollrausches zu einer Freiheitsstrafe von einem Jahr mit Bewährung verurteilt. Innerhalb der Bewährungszeit hat der Proband erneut und mehrfach gefehlt und ist wegen sechs Vorsatztaten verurteilt worden. Er hat dabei, obwohl er der Sportszene nahesteht, die Bühne des Sports zur Basis mehrerer Straftaten gemacht. Am 20. März 1996 entwendete er aus der in der Umkleidekabine der Festhalle in Zweibrücken abgelegten Jacke des Zeugen Jürgen 13 Barschecks, um diese für sich zu verwenden.

Es ist gerichtsbekannt, dass die Festhalle in Zweibrücken im Eigentum des Vereins Vereinigte Turnerschaft Zweibrücken steht, so dass der Schluss gezogen werden kann, dass es sich bei dem Opfer des Scheckdiebstahls, Jürgen, um einen Sportler handelt, der zur Tatzeit trainiert haben dürfte. Einen der Schecks versilberte Helmut am 22. März 1996 im Angelsportgeschäft des Zeugen Hans in Zweibrücken, einen weiteren auf dem Gelände des Landgestüts in Zweibrücken.

Zu der Zeit, als die durch das Amtsgericht Zweibrücken am 5. Juni 1997 abgeurteilten Taten begangen worden sind, kämpfte der Fußballverein, dem die Sympathie des Verurteilten gehört, in der 1. Fußball-Bundesliga gegen den Abstieg. Es hätte dem Probanden gut angestanden, die treue Anhänglichkeit an seinen Verein dadurch zum Ausdruck zu bringen, dass er, statt in Zweibrücken Straftaten zu begehen, quasi als 12. Mann auf dem Betzenberg seinen Beitrag dazu leistet, dass sein Verein, der 1. FCK, die zum Klassenerhalt notwendigen Pluspunkte einfährt.

Vom Widerruf der Strafaussetzung zur Bewährung könnte gem. § 56 f. Abs. 2 StGB abgesehen werden, wenn es ausreicht, durch weniger gravierende Maßnahmen auf den Probanden einzuwirken. Derartige Maßnahmen erscheinen jedoch nicht erfolgversprechend. Es ist gerichtsbekannt, dass der Fußball-Bundesligist 1. FCK die Eintrittspreise für seine Heimspiele in der Saison 1998/99 drastisch erhöht hat.

Nach den Gründen des Urteils des Amtsgerichts Landau vom 12. April 1995 hat Helmut keinen Beruf erlernt, nach den Gründen des Urteils des Amtsgerichts Zweibrücken vom 5. Juni 1997 war er zur Zeit der Hauptverhandlung ohne festen Wohnsitz und wohl auch ohne festes Einkommen. Das Gericht wirft deshalb die Frage auf, ob vor diesem Hintergrund die treue Anhänglichkeit Helmuts an den 1. FCK in ihrer geradezu manischen Dimension weniger ein stabilisierender Faktor ist als Anreiz für die Begehung neuer Straftaten, um sich durch sie das Eintrittsgeld für die Heimspiele in der Champions League zu verschaffen. gez. Richter Stepp.

Gegen diesen Beschluss habe ich dann unter dem Datum des 29. Juni 1998 an das Landgericht Zweibrücken eine sofortige Beschwerde gerichtet und zur Begründung folgendes ausgeführt: Der Verurteilte ist zwischenzeitlich aus der Strafhaft entlassen worden und befindet sich in einer Einrichtung des betreuten Wohnens in Pirmasens. Wir hatten bereits in der Begründung vom 2. Juni 1998 darauf hingewiesen, dass eine solche Maßnahme bevorstehe und dass dies doch so gedeutet werden könne, als böte sich eine gewisse Zukunftsperspektive für Helmut an. Er ist also zur Zeit in Pirmasens, und es bleibt abzuwarten, wie sich die Sache dort entwickelt.

Zunächst darf der Unterzeichnete sich dafür bedanken, dass in der Begründung des Beschlusses durch den Richter die fußballerischen Argumente zur Zukunftsprognose so virtuos aufgenommen und in unsere Hälfte zurückgespielt worden sind, wobei vor allem beeindruckend das Argument war, dass Helmut aufgrund seines Fanatismus sogar vor der Begehung von Straftaten nicht zurückschrecken würde, um sich in den Besitz von Eintrittskarten zu bringen.

Nun darf, und dies soll das letzte fußballerische Argument in diesem Falle sein, darauf hingewiesen werden, daß Herr Helmut sich durchaus in anderer Form in den Besitz von Karten bringen kann, nämlich dadurch, wie in der Vergangenheit bereits geschehen, sich, wie dies brave Verurteilte tun, an seinen Anwalt gewandt hat und um Hilfe nachsuchte.

Ich darf, um dies zu illustrieren, das Anschreiben von Helmut vom 23. März 1998 an den Unterzeichneten in Kopie vorlegen. Der Unterzeichnete hat damals Herrn Helmut das Angebot gemacht, bei einem seiner Hafturlaube von der Karte seiner Tochter Gebrauch zu machen, die diese spontan angeboten hatte. Herr Helmut hat also durchaus andere, nicht mit Straftaten verbundene Möglichkeiten, in den Besitz einer Eintrittskarte zu kommen, weil er sich nach wie vor des uneingeschränkten Wohlwollens seines Anwalts erfreut.
Daraus ergibt sich, dass das Argument der Strafvollstreckungskammer wohl in diesem Punkt nicht zutreffen dürfte.

Die Begründung des Landgerichts und unsere Stellungnahme vom 2. Juni 1998 zeigt einmal wieder deutlich, warum Heinrich Heine die Anwälte als "Bratenwender der Justiz" bezeichnet hat, weil es Glanz und Elend unseres Fachs ist, wirklich jedes Argument herumdrehen zu können.

So viel zu Helmut und dem Einbau des 1. FCK in die Zukunftsprognose eines Strafgefangenen. Ich habe zwischenzeitlich keinen Kontakt mehr mit ihm und frage mich, ob er überhaupt noch am Leben ist. Ich befürchte, dass er aufgrund seines Alters und seines gesundheitsschädlichen Lebenswandels nicht mehr unter uns weilt. Sollte dies bedauerlicher Weise der Fall sein, so wünsche ich ihm, dass er im Jenseits in irgendeiner Westkurve seiner Leidenschaft frönen darf.

Der Unterbau

Es gibt das schöne Wort, dass "wir alle auf den Schultern unserer Vorgänger stehen". Wenn dies zutrifft, dann stehe ich vor allem auf zwei Schultern: nämlich auf denen meiner zwei anwaltlichen Lehrmeister Justizrat Dr. F. W. Meyer und Rechtsanwalt Dr. Karl Kerscher. Letzterer ist ja bereits in einer der Geschichten vorgestellt worden und zwar in einer Art und Weise, die seine Charakterisierung wohl schon erlaubt. Ich will nur noch einige wenige Dinge nachtragen, die ich ihm verdanke und die ich in mein Anwaltsleben mit hinein genommen habe.

Ich entdecke heute noch, dass ich Elemente verwende, die aus der Zeit stammen, als ich bei Dr. Kerscher in Germersheim tätig war. Es vergeht wohl kein Tag, ohne eines seiner wesentlichsten Zitate in den Mund zu nehmen, weil es eine der arbeitssparendsten Wendungen ist, die ich je kennen gelernt habe.

Wenn ein neuer Mandant vor einem sitzt und mit vollem Herzen die ganze Geschichte seines Falles erzählen will, dann kann, gerade im Strafrecht, der mit der Sache neu befasste Anwalt zunächst sehr wenig mit diesen Ergüssen anfangen. Denn er kennt den Akteninhalt noch nicht und kann die rein subjektiven Ausführungen seines Gegenübers nicht in einen objektiven Kontext stellen.

Will man sich nun alles anhören, was der Mandant sagen möchte, könnte man die Kanzlei schließen. In dieser Form wären mehr als zwei Mandanten an einem Tag schon zeitlich nicht unterzubringen, es sei denn, man kann auf die wunderbare Wendung meines Lehrers Dr. Kerscher zurückgreifen. Eine seiner Regieanweisungen, nachdem der Mandant zunächst einmal "Luft abgelassen hatte", lautete: "Wissen Sie, was Sie mir jetzt erzählen, hilft mir nicht allzu viel. Was für den Arzt das Röntgenbild, ist für den Anwalt die Akte, und bevor ich die nicht gesehen habe, weiß ich nicht, was Ihnen juristisch fehlt."

Mit diesem Bild schafft man sich alle weiteren Ausführungen des Mandanten vom Hals, weil er in einer Sphäre angesprochen wird, die er wohl besser kennt. Da der Mensch öfter den Arzt aufsuchen dürfte als den Anwalt und plötzlich ein Beispiel

an die Hand bekommt, das ihn alles weitere verstehen lässt. Richtig helfen kann der Anwalt erst, wenn er eine objektive Grundlage hat.

Ein weiterer Spruch, den ich verinnerlicht habe, ist der, den Dr. Kerscher in manchen Fällen zu sagen pflegte: "Hören Sie mir mal gut zu, auch ich kann aus Schwarz nicht Weiß machen, aber über ein gepflegtes Grau können wir uns immer unterhalten." Ebenfalls ein glänzender Satz, den ich immer wieder verwende, denn unsere Tätigkeit spielt sich ja oft im gepflegten Grau ab.

Dr. Kerscher war militärischen Dingen sehr zugetan, ganz im Gegensatz zu mir. Aber einen seiner Sätze in hoffnungslosen Beweislagen habe ich übernommen. Wenn er einen Mandanten ultimativ zum Geständnis aufforderte, dann hieß das bei ihm und heute bei mir: "Helm ab zum Gebet!"

Letztlich hat sich mir ein anderes Vorkommnis sehr eingeprägt. Dr. Kerscher stand einmal in einem großen Gewissenskonflikt, als er im so genannten Lebach-Mordprozess ein Mandat übernehmen sollte. Damals waren mehrere Soldaten der Bundeswehr umgebracht worden und mein Lehrmeister war aktiver Soldat im Zweiten Weltkrieg gewesen. Er hat mir einmal zu diesem Fall gesagt: "Wissen Sie, Herr Assessor, ich habe mir lange überlegt, ob ich die Übernahme dieses Falles moralisch vor mir überhaupt rechtfertigen kann." Und dann kam ein Satz, den ich nicht vergessen werde: "Nach langem Kampf hat der Strafverteidiger in mir den Soldaten besiegt."

Dies sind nur einige wenige Sentenzen, die mir heute noch in meiner Tätigkeit helfen und die mich immer wieder an diesen großen Anwalt denken lassen, von dem ich sehr viel gelernt habe.

Mein erster Lehrmeister jedoch war Justizrat Dr. Friedel Walter Meyer aus Neustadt gewesen, der mir vor allem deshalb unvergessen bleiben wird, weil er ein Virtuose im Umgang mit Menschen war. Es ist ja eine ganz wesentliche und auch für den wirtschaftlichen Erfolg unabdingbare Voraussetzung, den Mandanten dort abzuholen, wo er eben steht, das heißt die ganze Skala menschlicher Spielarten sofort zu durchschauen und zu beherrschen und jeden in seiner Welt anzusprechen.

Dies konnte Dr. Meyer unnachahmlich. Sein Repertoire reichte von "Hock dich hin Mädel" bis zu "Was darf ich für Sie tun, gnädige Frau". Jeder wurde dort abgeholt, wo er war. Ihm wäre nie passiert, was in meiner Kanzlei einmal einem Referendar unterlaufen ist, der heute im Norden unseres Landes Verbandsbürgermeister ist und den ich wegen dieses einen Satzes rügen musste. Im Anschreiben an einen Arbeiter in Insheim, einen Mandanten von uns, den wir zu einem Gespräch bitten wollten, brachte er zu Papier: "Laden wir Sie zu einem Round-Table-Gespräch ein."

Allerdings habe ich einmal erlebt, dass Dr. Meyer die Sphären verwechselt hat, was zu einem für mich unvergesslichen Augenblick in dieser Kanzlei führte. Im Chefzimmer war die Bibliothek untergebracht, so dass man als Referendar manchmal dorthin musste, um sich ein Buch zu holen. Bei einer dieser Gelegenheiten fand ich Dr. Meyer am Telefon mit diesem Gesichtsausdruck vor, den ich auch heute noch vor mir sehe und den ich wohl selbst inzwischen angenommen habe und der für jeden Eingeweihten klar zum Ausdruck bringt, dass am Ende der Telefonleitung jemand ist, den der Telefonierende nicht kennt. Aber es muss der Eindruck erweckt werden, dass nur sein Fall derjenige ist, den man zur Zeit vordringlich bearbeitet. Auch hierin war Dr. Meyer Vorbild und Meister.

Ich sah also, dass er keine Ahnung hatte, mit wem er sprach. In extremen Fällen dieser Art pflegte er in gewissen Abständen auf den Tisch zu hauen und den einprägsamen Satz von sich zu geben: "Aber das ist ja unglaublich!" Ein Satz, den ich ebenfalls in mein Anwalts-Arsenal übernommen habe, weil er dem Gesprächspartner verdeutlicht, dass das, was einem erzählt wird, einen im Tiefsten anrührt.

Jedenfalls schien das, was die Gesprächspartnerin ihm am Telefon mitzuteilen hatte, so mitreißend, dass Dr. Meyer sich plötzlich zu folgendem Satz aufschwang, wobei er zunächst die Sphäre der Person, mit der er sprach, nicht richtig einordnete, dann aber elegant die Kurve wieder bekam: "Aber das ist doch Scheiße", und dann flötete er noch "gnädige Frau!" Der Ausspruch "Aber das ist doch Scheiße, gnädige Frau!" ist auch in meiner Kanzlei zu einer stehenden Redewendung geworden.

Als ich als Referendar zum ersten Mal die Kanzlei von Dr. Meyer betrat und von seiner Chefsekretärin empfangen wurde, hielt diese einen Stoß Akten bereit und sagte mir, dies seien die Gerichtstermine des heutigen Tages, und ich sollte sie alle wahrnehmen. Schon damals war ich, was die Absolvierung von Terminen angeht, eine ziemlich unerschrockene Natur. Als ich jedoch in dem Stoß Akten neben normalen Amtsgerichtssachen im Zivilrecht und einer kleinen Strafsache auch noch entdeckte, dass ich um 12.30 Uhr beim Verwaltungsgericht in Neustadt antreten sollte (wobei mir unklar war, wo sich dieses geografisch befand), befiel mich doch eine gewisse Scheu, mich gleich am ersten Tag einer solchen Verantwortung stellen zu müssen.

Zaghaft klopfte ich am Zimmer des Chefs, trat ein und bevor ich irgend etwas sagen konnte, wurde ich mit den Sätzen konfrontiert: "Herr Kollege, ich weiß, was Sie jetzt bewegt. Sie sind der Auffassung, dass das, was ich Ihnen heute jetzt am ersten Tag ohne jede Vorbereitung aufbürde, vielleicht doch etwas zu viel sein könnte. Beruhigen Sie sich. So lange Sie nicht in einer Zivilsache um eine milde Strafe bitten, ist für mich alles in Ordnung!"

Beruhigter habe ich ein Chefzimmer auch später nie mehr verlassen. Denn wenn das die Beschreibung sein sollte, der ich genügen musste, dann war ich dazu aus dem Stande in der Lage. Jedenfalls hat er mir mit diesem Satz sehr viel Druck und Angst von der furchtsamen Seele genommen.

Wenn ich an die beiden Kollegen denke, dann gerate ich unwillkürlich ins Danken, vor allem dafür, dass ich auf ihren Schultern stehen durfte, und ich hoffe, dass die von mir ausgebildeten Referendare auf meinen Schultern genauso sicher stehen, was mit dem Unterbau dieser beiden großen Anwälte wohl ein besonders sicherer Standort sein dürfte.

Letzte Worte

Die so genannten "letzten Worte" sind ein, vor allem in der Literaturhistorie beliebter Forschungsgegenstand, und man wird nicht müde, immer wieder neue Aussprüche zu präsentieren, die berühmte Frauen und Männer als letzte Äußerung vor ihrem Tode von sich gegeben haben sollen. Es gibt da eine Fülle schöner Beispiele. So böte sich zum Beispiel das James Joyce zugeschriebene Wort "Ja versteht mich denn keiner?" auch als Abschiedssentenz für manchen juristischen Kommentator an.

Eines der berühmtesten Beispiele letzter Worte ist die nach wie vor rätselhafte Äußerung Johann Wolfgang von Goethes auf dem Sterbebett, der angeblich gesagt haben soll: "Mehr Licht." Nun haben neueste Forschungen zutage gefördert, dass dieses, im Übrigen in dieser Form kaum deutbare Wort, nicht das vollständig letzte Wort Goethes gewesen sein kann, sondern, so die wirklich bahnbrechenden Ergebnisse der letzten Forschungen, er sei in seinem letzten Satz buchstäblich vom Tode unterbrochen worden, so dass er ihn nicht zu Ende habe führen können.

Dem Bienenfleiß der letzten Worte-Forschung ist es aber gelungen, den Satz, den Goethe sagen wollte, zu ergänzen, und sie hat sich dabei einer Belegstelle aus dem "Faust" bedient, die ein schlagender Beweis für die zunächst kühn anmutende These ist. Es gibt im "Faust" einen Reim, der einem Dichter wie Goethe niemals hätte unterlaufen dürfen. Gretchen sagt im Gebet an die Mutter Gottes gewandt:
"Ach neige, du Schmerzensreiche."

Ein so unreiner Reim wäre Goethe nicht unterlaufen, es sei denn, man stellt in Rechnung, dass er Hesse gewesen ist und bis zuletzt in seiner Umgangssprache hessische Anklänge hatte. Im Hessischen würde der Reim lauten: "Ach neiche, du Schmerzensreiche." und wäre damit wieder phonetisch vollendet.

Nimmt man diese Belegstelle nun und versucht den Satz Goethes "Mehr Licht" zu ergänzen, so kommt man unweigerlich (Goethe auf dem Sterbebett, das Lager etwas unbequem) zu der These, dass der Satz, wenn der Tod ihm nicht die Worte aus dem Mund genommen hätte, sachgerecht zu ergänzen gewesen wäre. Goethe wollte sagen: "Mer licht de Kopp net richtig." Damit verliert dieses Wort völlig seine Rätselhaftigkeit.

Nun gibt es auch im Strafprozess das so genannte "letzte Wort" des Angeklagten, das dieser am Schluss einer Verhandlung hat. Die Geschichte des letzten Wortes Goethes habe ich nur erzählt, um darzustellen, dass es bei diesem letzten Wort oft besser gewesen wäre und wohl in Zukunft auch besser sein wird, wenn der Angeklagte dabei - es muss nicht der Tod sein - durch irgendein Ereignis an der richtigen Stelle unterbrochen wird, um nicht die gesamten Bemühungen seines Verteidigers am Ende durch einen oder zwei falsche Sätze völlig zunichte zu machen.

Es ist deshalb grob fahrlässig, um in unserer Sprache zu bleiben, einen Angeklagten sein letztes Wort unvorbereitet halten zu lassen. Nur blutige Anfänger lassen ihren Angeklagten ungebremst sein letztes Wort so ausführen, wie er sich dies wünscht, und dies bezieht sich unabhängig vom Stand und Bildungsgrad auf wirklich alle Angeklagten. Vom Bankdirektor über den Polizeipräsidenten bis zum Bankräuber ist es grob fehlerhaft, einen Angeklagten ohne entsprechende Vorbereitung dieses letzte Wort sprechen zu lassen.

In der Frühzeit meiner anwaltlichen Tätigkeit ist mir eine schreckliche Geschichte passiert, die Gott sei Dank noch einen günstigen Ausgang genommen hat, so dass ich ab diesem Zeitpunkt keinen meiner Angeklagten mehr unvorbereitet sein letztes Wort habe sprechen lassen.

Ich hatte bei einem Richter, der mir in meiner Laufbahn in verschiedenen Ämtern immer wieder begegnet ist, dem von mir hoch verehrten, inzwischen leider verstorbenen Georg Gabelmann, eine Strafsache, die ich mit dem Eifer des Anfängers zelebrierte. Ich höre mich noch heute nach einem, wie ich meinte (ein Verteidiger meint das in der Regel), guten Plädoyer in den Gerichtssaal rufen: "Deshalb reichen die Beweise nicht und ich beantrage Freispruch."

Kaum war die Wirkung dieser Worte verhallt, als der Angeklagte, leider von mir nicht präpariert, sich erhob - den Klang meines Freispruch-Antrages musste er noch im Ohr haben - und sich zu folgendem verheerenden Satz aufschwang: "Bitte ich das Gericht um eine milde Strafe."

Dies war einer der Momente gewesen, wo man dem Goetheschen Beispiel folgend gewünscht hätte, der Satz wäre nicht ganz ausgesprochen worden und deshalb

rätselhaft geblieben. Hätte bei der Stelle “Ich bitte...” irgendein Ereignis von außen, ein vielleicht plötzlich ohnmächtig werdender Justizwachtmeister, den Satz unterbrochen, es wäre mir einiges erspart geblieben.

Die Pointe der Geschichte ist aber, dass das Gericht unter Vorsitz dieses vortrefflichen Richters - es hat immer das allerletzte Wort - den Angeklagten dann doch mit der originellen Begründung freisprach: “Dieser Angeklagte hat im Laufe der Hauptverhandlung derart viel dummes Zeug geredet, dass das Gericht geneigt ist, auch sein letztes Wort in diese Kategorie einzureihen.”

Das ernüchternde Fazit über die Lehre hinaus, dass Angeklagte nicht unvorbereitet ihr letztes Wort von sich geben dürfen, ist: Natürliche, anmutige Dummheit schlägt im richtigen Augenblick jede fachliche Raffinesse aus dem Feld.

Nachruf

In Anfällen von Galgenhumor habe ich öfter geäußert, dass ich auf meinem Grabstein die Namen aller meiner Lehrlinge versammelt wissen will. Das ist aber schon aus Platzgründen undurchführbar und deshalb habe ich mich in meinen heroischen Momenten für den Grabspruch entschieden: "Er hat alle Fristen gewahrt." Dies wäre aber hemmungslos gelogen und scheidet deshalb ebenfalls aus.

Nun ist ein echter Nachruf ja nicht das, was man sich selbst nachrufen will, sondern was einem von anderen nachgerufen wird. Ich finde es nicht unpassend, dass dieses Büchlein mit der Schilderung meist heiterer Begebenheiten durch eine ernsthafte Geschichte abgeschlossen wird, zumal sie von einem sehr humorvollen Kollegen handelt, die dies eindrucksvoll beleuchtet.

Als ich in Landau als Anwalt begann, gehörte der Kollege zu den bekannten alteingesessenen Rechtsanwälten. Er war im Stadtrat vertreten und eine Säule des hiesigen Karnevalvereins und mir persönlich vor allem deshalb schon vor meiner Zeit als Anwalt vertraut, als er der Vater meines wohl besten Freundes und Trauzeugen gewesen ist. Es handelt sich um Rechtsanwalt Adolf Wöscher, der nie viel von sich hergemacht hat, aber ein Kollege war, den ich damals und jetzt auch als großen Juristen bezeichnen würde.

Um eine Kostprobe seines Humors zu liefern, möchte ich auf die Geschichte zurückgreifen, die davon handelt, dass sein nachmaliger Schwiegersohn (heute Universitätsprofessor in Essen, damals Medizinstudent in den noch sehr förmlichen Zeiten der sechziger und siebziger Jahre) um die Hand seiner Tochter, ebenfalls Medizinstudentin, anhielt. Höchst bürgerlich gewandet und mit einem Blumenstrauß für die Dame des Hauses bewaffnet, begab er sich in den Marienring zum Büro des Kollegen.

Nachdem er die Blumen programmgemäß abgeliefert hatte, betrat er herzklopfend, so seine Schilderung, das Allerheiligste des Hausherren und fragte förmlich: "Herr Rechtsanwalt, ich bitte Sie hiermit um die Hand Ihrer Tochter." Adolf Wöscher sah zerstreut über seinen Akten auf und sagte: "Und was machen wir mit dem Rest?"

Er war es auch, um vom Heiteren ins tief Ernste zu wechseln, der in der Reichskristallnacht - sein Büro war unweit der Synagoge gelegen - die Landauer Feuerwehr anrief, um mitzuteilen, dass die Synagoge brenne und man solle sich doch sofort um die Sache kümmern. Bei seinem dritten verzweifelten Anruf erntete er die Antwort: "Ja, wir wissen es, lassen Sie es ruhig brennen." Eine Begebenheit, die ihn bis ins hohe Alter verfolgte.

Als der Kollege Anfang der siebziger Jahre starb, nahm ich mit vielen, womöglich allen Landauer Kollegen an der Beerdigung teil und - wie es meinem Rang als junger Anwalt gebührte - ging ich ganz am Ende des Trauerzuges. Bei der Grablegung in den hinteren Reihen verweilend hörten ich und andere Kollegen folgendes Gespräch zweier Beerdigungsteilnehmer mit:

"Hoscht du den gekennt?" - "Eigendlich gekennt hab ich en net, der hot mich awa mol vertrete. Es war in de Nazizeit un kän anre Awalt wollt mich in Landau nemme. Do bin ich zum Wöscher gange und hab gsacht, Herr Rechtsanwalt, däden Sie mich vertrete, ich sach Ihne awa gleich, es is schwierich, es geht gegen die Nazis. Däten Sie mich nemme? Und do hot er gsacht:Warum eichentlich net. Frochen Sie doch net so bläd, für so Situatione bin ich doch Awalt worre." Der unbekannte Beerdigungsteilnehmer fuhr fort: "Deshalb bin ich heit bei seiner Beerdischung." Und plötzlich verblassten vor diesem Dialog alle noch so gut gemeinten Trauerreden.

Für diese mutige Haltung bewundere ich den Kollegen noch heute, und ich bin mir sicher, dass alle Anwälte stolz sind, einen solchen Mann in ihren Reihen gehabt zu haben.

Nun soll ein so leichtgewichtiges Büchlein nicht allzu pathetisch enden, sondern mit einer fröhlichen Note ausklingen, einer Note, die ich nicht besser setzen könnte als durch den hinreißenden Schreibfehler einer meiner grabsteinverdächtigen Lehrlinge, der einen Brief unseres Büros mit folgender, von mir wegen ihrer Schönheit unkorrigierten Schlußfloskel in die Welt entließ: "Und damit verbleiche ich,
mit freundlichen Grüßen, Lütz- Binder, Rechtsanwalt."

Biografie des Autors

Bernd Lütz-Binder ist einer der bekanntesten und besten Strafverteidiger in der Pfalz. Diesen Ruf hat er sich durch erfolgreiche und anerkannte Arbeit über Jahrzehnte hinweg erarbeitet. Die Altersgrenze, die normalerweise das "zweite Leben" (Rentner) einleitet, hat er erreicht - aber er setzt sich nicht zur Ruhe. Warum auch? Er ist in seinem Beruf noch so fit und in seinem Temperament vor Gericht und außerhalb des Gerichts noch so ungebremst, dass es jammerschade wäre, wenn er sich ins Privatleben zurückziehen würde. Dass er auch juristisch - und das ist für die von ihm vertretenen Menschen ganz besonders wichtig - voll auf der Höhe ist, bedarf eigentlich keiner Erwähnung.

Dass im Pass von Bernd Lütz-Binder (Jahrgang 1942) als Geburtsort Mannheim steht, ist allein der Tatsache zuzuschreiben, dass seine Mutter ihn in einem Krankenhaus der Quadratestadt auf die Welt brachte. Er ist ein echter Neustadter, auch wenn er seit Anfang der siebziger Jahre des vorigen Jahrhunderts in Landau lebt. Nach dem Abitur am Altsprachlichen Gymnasium Neustadt studierte er ab 1962 in Bonn, Tübingen und Freiburg Jura. Dass er Jurist werden würde, war

nicht vorgegeben. In der Familie gab es nur einen Juristen, einen Großcousin väterlicherseits, der Amtsrichter in Karlsruhe war, im Zweiten Weltkrieg fiel. Bernd Lütz-Binder hat ihn nie gekannt, konnte also von ihm auch nicht "beeinflusst" werden.

An das Schlüsselerlebnis, das in ihm den Wunsch nach einem Jurastudium auslöste, erinnert sich Bernd Lütz-Binder noch genau: "Ich war 14 Jahre alt, als ich im Kino einen Film mit Kirk Douglas sah, der einen Anwalt spielte. Ich bin danach raus und habe mir gesagt: das wäre dein Job." Nur einmal hatte er Zweifel, ob er sich auf dem richtigen Weg befindet, das war im dritten Semester und er überlegte, ob er nicht Journalist werden sollte. Er wurde dann doch kein Zeitungs- oder Rundfunkmann, dafür schlug sein Sohn Marcel diese Laufbahn ein, arbeitet beim Hörfunk.

Ein Semester studierte Bernd Lütz-Binder in Tübingen, und dies aus einem ganz besonderen Grund. Dort lehrte Ernst Bloch und als Student interessierte ihn dessen Thema "Hegel und Schopenhauer" brennend. In der Familie fand dieser kurzzeitige Studienort-Wechsel kein allzu großes Verständnis. Aber der heutige Starverteidiger, wie er gerne und nicht von ungefähr bezeichnet wird (ein weiterer Ehrentitel für ihn lautet "Bossi der Pfalz" - in Anlehnung an den einst so wortgewaltigen Münchner Rechtsanwalt Rolf Bossi, Jahrgang 1923, der immer noch vor Gericht auftritt), hat diesen damaligen "Seitensprung" nach Tübingen bis heute nicht bereut. Bloch war für ihn in der Rückschau "der beeindruckendste Hochschullehrer, den ich je gehört habe."

Nach dem 1. Juristischen Staatsexamen 1966 in Freiburg und dem 2. Staatsexamen 1970 in Koblenz arbeitete Bernd Lütz-Binder ein Jahr lang (1970-1971) als Assessor bei Rechtsanwalt Dr. Karl Kerscher in Germersheim, wechselte anschließend in eine Landauer Kanzlei, die er am 1. Februar 1972 samt Personal übernahm. Seit dieser Zeit ist er selbstständig. Ehefrau Doris ist von Anfang an die Kanzleichefin, Tochter Eva hat wie ihr Vater Jura studiert und arbeitet als Rechtsanwältin mit. Aber ein reiner "Familienbetrieb" ist das "Unternehmen" in Landau im Westring 8 nicht. Denn zum juristischen Team gehören noch eine Anwältin und ein Anwalt. Als Berater und gelegentlicher Mitarbeiter steht Professor Dr. Lutz Meyer-Goßner, früher Vorsitzender Richter am Bundesgerichtshof in Karlsruhe, Bernd Lütz-Binder zur Seite.

"Ich habe es letztlich nie bereut, Jurist geworden zu ein. Es war eine geglückte Berufswahl", konstatiert Bernd Lütz-Binder zufrieden. Er ist mit ganzem Herzen Strafverteidiger, aber er widmet sich auch Zivilsachen. Fragt man ihn, was Strafverteidigung eigentlich sei, antwortet er: "Im Grunde ist dies nichts anderes, als die Geschichte des Rotkäppchens aus der Sicht des Wolfs zu erzählen, nicht mehr und nicht weniger." Und so erklärt er seine Rolle als Strafverteidiger: "Ich achte im Gerichtssaal darauf, dass beim Prozess gegen meinen Mandanten strikt auf die Einhaltung der Regeln geachtet wird."

"Ich will den Gerichtssaal nicht missen", sagt Bernd Lütz-Binder. Dort verbringt er an jedem Arbeitstag viel Zeit. Aber es bleibt noch genug übrig, um seinen Hobbys nachzugehen. Eines davon ist Schreiben. Von daher kann irgendwann vielleicht ein weiteres Buch erwartet werden. An Themen dürfte es ihm nicht mangeln. Dass ihm die Ideen ausgehen - im Beruf wie beim Hobby - ist eher unwahrscheinlich.

Günter Werner

A
B

Impressum

Herausgeber:
höma
VERLAG
Im Schlangengarten 56
76877 Offenbach
Tel. 06348/959391
Fax 06348/959392
info@hoema-verlag.de
www.hoema-verlag.de

Texte:
Bernd Lütz-Binder

Zeichnungen:
Armin Hott

Gestalterische Konzeption und Layout:
CityMedia Publishing
Hauptstraße 17
76877 Offenbach
Tel: 06348-98360
Fax: 06348-9836-11
E-Mail: info@citymedia-offenbach.de

Druck:
NINO Druck GmbH
Im Altenschemel 21
67435 Neustadt/Weinstraße
Tel. 06327/97430
info@ninodruck.de
www.ninodruck.de

ISBN-Nr.:
978-3-937329-23-9